STUARTS
斯图亚特王朝

[英] 菲莉帕·格里夫顿 编著

解永春 万紫馨 译

中国画报出版社·北京

图书在版编目（CIP）数据

斯图亚特王朝 /（英）菲莉帕·格里夫顿编著；解永春，万紫馨译. -- 北京：中国画报出版社，2022.1
（萤火虫书系）
书名原文: Book of the STUARTS
ISBN 978-7-5146-2045-0

Ⅰ.①斯… Ⅱ.①菲… ②解… ③万… Ⅲ.①斯图亚特王朝 - 历史 Ⅳ.①K561.33

中国版本图书馆CIP数据核字(2021)第216577号

Articles in this issue are translated or reproduced from All About History Book of the Stuarts Third Edition and are the copyright of or licensed to Future Publishing Limited, a Future plc group company, UK 2021. Used under licence. All rights reserved. All About History is the trademark of or licensed to Future Publishing Limited. Used under licence.

FUTURE

著作权合同登记号：图字01-2021-5919

斯图亚特王朝

[英]菲莉帕·格里夫顿 编著　解永春　万紫馨 译

出 版 人：于九涛
责任编辑：李聚慧
审　　校：崔学森
责任印制：焦　洋
营销编辑：孙小雨

出版发行：中国画报出版社
地　　址：中国北京市海淀区车公庄西路33号　邮编：100048
发 行 部：010-68467438　010-68414683（传真）
总编室兼传真：010-88417359　版权部：010-88417359

开　　本：16开（787mm × 1092mm）
印　　张：11.875
字　　数：266千字
版　　次：2022年1月第1版　2022年1月第1次印刷
印　　刷：北京汇瑞嘉合文化发展有限公司
书　　号：ISBN 978-7-5146-2045-0
定　　价：68.00元

欢迎来到斯图亚特王朝

　　随着查理一世生命的消亡，绝对君主制在英国也消失无踪了。在经历了长达几百年的君主制，见识了那么多或嗜血或慈爱的国王和女王后，英格兰成为了一个由克伦威尔掌舵的共和国。然而，历史并没有让斯图亚特家族彻底离开舞台。

　　斯图亚特家族塑造了英国。在其统治期间发生过伦敦大火、1665年毁灭性的瘟疫大暴发，以及一系列宗教阴谋与诡计，斯图亚特家族战胜了灾难与反叛，最终将苏格兰与英格兰联合起来成为了一个欧洲超级大国。本书将揭示这个苏格兰王室如何登上英格兰王位，为什么一位国王会被推上断头台，以及克伦威尔统治下的民众生活为何如此悲惨。此外，你还将看到斯图亚特王朝复辟，深入探究导致一位国王下台的王位争端，并探寻为了夺回被篡夺的王位而进行的保皇派阴谋。

目 录

- 6 一个王朝的诞生

苏格兰女王玛丽

- 18 女王的敌人

詹姆斯一世

- 32 詹姆斯与女巫们
- 41 火药阴谋

查理一世

- 56 国王对议会
- 66 我们的国王是叛徒
- 72 大空位时期
- 82 继承问题

查理二世

- 88 斯图亚特家族国王的回归
- 98 黑死病
- 104 查理二世和伦敦大火

詹姆斯二世

- 120 最后的天主教国王
- 128 光荣革命

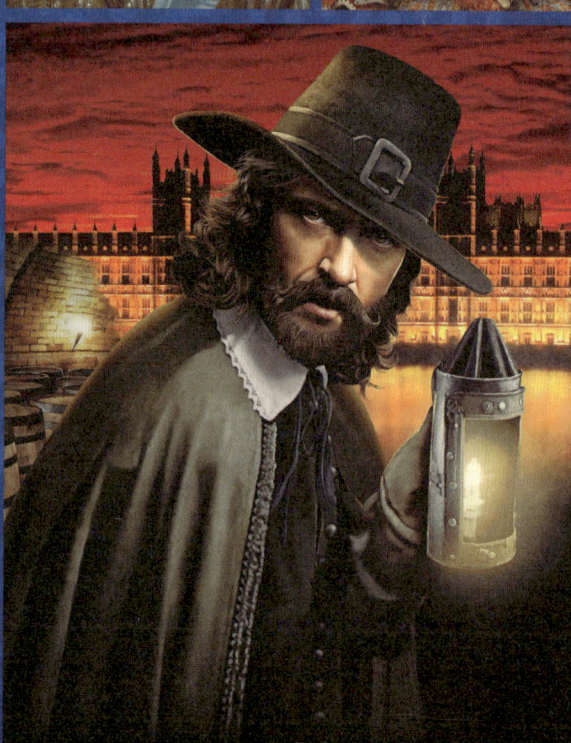

威廉三世和玛丽二世

136 玛丽女王时期的动乱

安女王

144 斯图亚特不列颠的政治

被放逐的斯图亚特家族

152 被放逐的斯图亚特家族
158 小王子查理的传说
170 斯图亚特时期的英国生活
177 斯图亚特时代给我们留下了什么?

一个王朝的诞生

从封臣到成为君主，斯图亚特家族在统治苏格兰几百年后终于获得了更高的奖赏——英格兰王位

斯图亚特家族是英国历史上传承最悠久也最动荡的王室家族之一。斯图亚特家族将苏格兰这个偏安于欧洲政治与生活一隅的小国推到了欧洲政治舞台的中央，一系列剧变使其在都铎王朝逐渐没落后接手了英格兰的王位。

斯图亚特家族的一个特征时常令人迷惑，这种情况在其他王室家族中也经常出现，那就是他们在起名字时经常重复。詹姆斯和玛丽是最常见的名字，能区分出它们不同之处的通常仅仅是在位的顺序。

斯图亚特一系的诺曼祖先原本来自11世纪的布列塔尼，他们在英王亨利一世统治英格兰时期来到大不列颠。阿兰·菲茨法拉德（Alan fitz Flaad）作为骑士为国王效力，并且为自己赢得了城堡、财富和权力。他的儿子沃尔特·菲查伦（Walter Fitzalan）则被戴维一世请到苏格兰当宫廷总管大臣。斯图亚特（Stuat）这一姓氏有时拼成与它同音的另一种形式（Stewart）——

> 系出11世纪的布列塔尼,斯图亚特家族的诺曼祖先在英格兰国王亨利一世时期来到英格兰。

▲ 苏格兰女王玛丽在被处决的前一天给仆人们分发她的首饰

▲ 弗洛登战役见证了詹姆斯四世成为英伦三岛最后一位战死沙场的国王

以显示他们的苏格兰世系——就是从宫廷总管大臣这一职位而来的，在古英语中意思是"管理大厅的人"，这种用法可能至少从7世纪就有了。

作为盎格鲁-诺曼家族的一员，沃尔特为苏格兰宫廷带来了他在欧洲战场上的专长，包括诺曼人喜用的土丘-外庭式城堡和重装冲击骑兵等。这种新军事技术带来的冲击，使沃尔特及其家族在苏格兰东北和东南那些更具反叛性的地区更便于施加王家控制。这种地位很快变为世袭性的，沃尔特的曾孙就将这一头衔作为了家族姓氏。自此，斯图亚特家族正式诞生。

接下来的几百年中，斯图亚特家族的权势和财富不断增长，1315年，当第六代宫廷总管大臣沃尔特与苏格兰国王罗伯特·布鲁斯的女儿玛丽乔·布鲁斯结婚，而成为苏格兰王室家庭的一员后，斯图亚特家族的运势又得以更进一步。戴维二世死后无嗣，斯图亚特家族要求继承王位，于是沃尔特和玛丽乔的儿子成为了苏格兰的罗伯特二世国王。

对早期斯图亚特君主王位的威胁很大程度上来自内部，他们与叛乱贵族的不断斗争几乎成为了一种惯例。斯图亚特王室的第一个詹姆斯就因此失去性命。

为了人身安全而被遣送出境后，还是婴儿的詹姆斯就被英格兰人俘获，在他前半生的大部分时间里，他都没能重获自由。当他回到苏格兰以后，他对那些拒绝交赎金解救他的贵族展开复仇行动。詹姆斯清洗了宫廷里的腐朽贵族，但是一场针对他的阴谋也已经开始策划。詹姆斯的祖父罗伯特二世有许多子嗣，其中一些人质疑詹姆斯一系血缘的合法性。1437年2月的一个冬日夜间，作乱者在珀斯突然袭击詹姆斯的下榻处。在詹姆斯不顾一切逃命的过程中，他把地板撬开试图逃进下水道。但是命运就是这么残酷，这位国王曾经下令堵住下水道口以防他的网球不断掉入。无路可逃的詹姆斯被敌人包围，最终被残忍地刺死，其中一个行凶者还不断高喊："我在此结束你的性命，因为你是残酷的暴君，是苏格兰最大的敌人。"

詹姆斯一世之子詹姆斯二世在位期间也花了很长时间与苏格兰贵族斗争，并目睹一些与斯图亚特家族势不两立的敌人逐渐崛起，例如黑道格拉斯（道格拉斯的一族）。詹姆斯二世即位时仅仅是个婴儿，苏格兰最有权势的那些家族便为了争夺对小国王的控制权和指导权而斗争。亚历山大·利文斯通（Alexander Livingston）和威廉·刻赖顿（William Crichton）看上去是最有可能成为詹姆斯二世监护人和摄政王的两位人选，但他们的权势还是受到了年轻、强势的第六代道格拉斯家族伯爵威廉的威胁。为了消除这一威胁，利文斯通和刻赖顿希望道格拉斯的威廉被判处叛国的罪名。尽管他们收集了所需的证据，但是道格拉斯是一个拥有许多堡垒和战士的强大伯爵，登堂入室把他抓起来根本就不可能。

1440年11月24日，国王邀请道格拉斯到爱丁堡城堡做客。传说，年轻的詹姆斯在宴会期间

独角兽和狮子

苏格兰和英格兰之间的斗争已酝酿了几个世纪

几乎从两国诞生之日起，苏格兰和英格兰便是对手。如今，这种争斗大多发生在橄榄球场或是足球场上，但其根源可以追溯至几千年前。激烈的战争和紧张局势始于1296年爱德华一世入侵苏格兰，他声称对所有不列颠群岛拥有霸主统治权。从那时起，爱德华的继任者就试图对这个国家行使他所声称的霸权，而罗伯特·布鲁斯（赢得了苏格兰独立战争的国王）的继任者则会试图阻挠他们的努力。直到詹姆斯六世加冕，两国间才出现了持久且意义重大的和平。

英格兰与苏格兰关系中的另一根刺是《古老同盟》，这是自爱德华一世入侵以来，苏格兰与法国之间存在的军事友谊协定。由于英格兰是两国的共同敌人，两国同意互相提供军事援助，但在后来的几个世纪里，由于英格兰和苏格兰有着同样的目标，联盟关系便变得紧张。詹姆斯四世撕毁了《永久和平条约》，以示对昔日《古老同盟》的尊重。英格兰与苏格兰于1707年一度统一后，法国成为他们共同的敌人。

这种竞争也会出于某种巧合，蔓延到英格兰和苏格兰的国兽身上。自亨利一世以来，狮子就被用作英格兰的纹章象征，并在狮心王理查统治时期被正式使用。苏格兰的国兽独角兽来自凯尔特神话，象征纯真无邪，但也显示力量和阳刚之气。它在骑士传说中的出现和它与耶稣基督的联系，道出了它被选为苏格兰国兽的原因。狮子和独角兽在神话中被认为是仇敌，因而它们以某种方式被选择倒是合适，尽管这似乎并不是蓄意的。詹姆斯六世登上王位后，他便用这两种动物来代表太阳和月亮，以显示这两个宿敌间新构筑的团结。

▲ 联合王国皇家盾徽上的狮子和独角兽是英格兰和苏格兰的象征，它们并肩而立，象征着团结

▲ 巨炮芒斯蒙哥是别人送给喜欢大炮的詹姆斯二世的礼物。然而他的这种爱好非常危险，他后来就在围攻洛克希堡时被炸膛的大炮杀死

很快就跟这位充满个人魅力的伯爵结为好友，然而不久，一个黑色的公牛头被抬进了大厅之中。依照苏格兰传统，公牛的头预示着客人即将殒命，尽管小詹姆斯一再哀求，道格拉斯和手下还是在小国王的面前人头落地。这个故事看起来很激动人心，但是历史学家认为，道格拉斯很可能一到达城堡就被关押了起来，然后被定为叛贼在城堡山上被处以极刑。

除去与道格拉斯家族的血仇，詹姆斯二世是一位受欢迎的国王，他还对火药和大炮情有独钟。诺曼底公爵曾经送给詹姆斯一门名为"芒斯蒙哥"的巨炮，它发射的弹丸重量达180千克。这门炮只用于仪式性场合，它最后一次成功打响是在詹姆斯二世的曾曾孙女苏格兰女王玛丽的婚礼上。

詹姆斯二世对火炮的喜爱导致他的生命随烟消逝。当詹姆斯二世率军围攻洛克希堡时，他身边的一门大炮突然爆炸杀死了他。其子詹姆斯，家族中第三个叫这个名字的人，在詹姆斯二世不幸死亡之后继承王位。

长年紧张的英苏关系在詹姆斯三世统治时期发生了明显的改善，尤其是当亨利七世在1485年获得英国王位，将英国带入都铎王朝之后。新王朝的建立意味着新的外交关系和婚姻关系被提上议事日程，尽管詹姆斯三世的求婚比其子（未来的詹姆斯四世）的求婚更优先，却没有如人们所希望的那样维持一个持久的联盟。詹姆斯三世的继承问题也因为他明显偏爱幼子甚于王储而充满不确定性。同样名为詹姆斯的幼子被加封为罗斯伯爵，这好似一记耳光打在仅仅被封为罗斯里公爵的王储脸上。但詹姆斯三世并未止步于此。一门心思希望统一苏格兰的詹姆斯开始着手整治苏格兰贵族，但是他的强硬手段却导致了惨败的结局，最终使他丧命。

詹姆斯三世与长子罗斯里公爵的不和，导致这位王储成为全苏格兰被夺去权利的贵族们靠拢的对象。这位未来的詹姆斯四世终于率领人马举事，与其父在撒切伯尔尼（Sauchieburn）兵戎相见。尽管詹姆斯三世手持罗伯特·布鲁斯的神兵宝剑，然而却未能激发与那位祖先一样的武运，最终惨败并身死。据传说，发现自己与大部队分开的詹姆斯三世跑到一间磨坊里躲避，并得到了一位神父的宽慰。然而当人们聚集在神父身边后，这位神父突然发难，一刀砍向了詹姆斯三世的喉咙，给了他一个最不堪的死法。

谜团仍旧萦绕在詹姆斯四世与其父之死的关联上。似有文献指出，他很可能处在撒切伯尔尼的叛军中，但被卷入弑君和弑父事件对他的统治来说绝非吉兆。

詹姆斯四世是首位统治整个苏格兰的国王。他对北方的征服战役统一了整个国家，使来自大陆各地的贵族首次齐聚于他的会议上。他通过结合新的造船技术和火药技术，创造出了移动炮

詹姆斯在一次逃命时，不顾一切地想办法撬开地板，试图跳进下水道里。

台，最终征服了各列岛的君主——这些斯图亚特家族几代人的眼中钉。他资助艺术创作，授权皇家印刷厂出版包括《苏格兰编年史》（一部强调苏格兰独立性的历史巨著）在内的许多作品。

正如他在与各岛主的冲突中所展现出的那样，詹姆斯四世在海战方面很有天赋。同支持他的叔叔——丹麦国王汉斯一道对抗瑞典和挪威的叛乱，他还委托建造了当时欧洲最大的战舰"大迈克尔号"。这艘船被提供给教皇用于对抗奥斯曼帝国，其大小是英格兰"玛丽罗斯号"的两倍。但对苏格兰这样的国家来说，这艘船的维护费用过于高昂，最终它被卖给了法国人。这艘船可能还参与了索伦特战役中与"玛丽罗斯号"的战斗。

詹姆斯四世的未婚妻正是亨利七世13岁的女儿玛格丽特·都铎。据说，亨利七世曾对他的朝臣表露，苏格兰国王终有一天会坐上英格兰的王位，但英格兰仍然拥有更多官方的权力，他说："王位将由苏格兰继承给英格兰，而不是英格兰继承给苏格兰。"蓟花和玫瑰将结合在一起，詹姆斯四世没能活着见证这关系下的种子结出果实，因为他的注意力已被迫转向边境和由亨利八世的入侵带来的影响。詹姆斯四世希望效法他的英雄、伟大的战士——国王亨利五世，而不是他更爱好和平的父亲。

詹姆斯四世和亨利七世签署

▲ 斯图亚特家族的第一位君主罗伯特二世是罗伯特·布鲁斯的曾孙子

了200多年来英格兰和苏格兰之间首个永久的和平条约——《永久和平条约》。但随着亨利八世的军队席卷法国，詹姆斯便束手无策了，苏格兰和法国之间长达数百年的军事协定《古老同盟》推翻了新达成的协议。英格兰现在已加入神圣联盟，正同西班牙、荷兰、神圣罗马帝国和教皇国一道寻求力量，以遏制强大而令人生畏的法国国王路易十二。这显然让苏格兰陷入了困境。他们有义务维护几个世纪以来与法国达成的条约，但这样做会危及与英格兰新建立的和约。支持法国不仅意味着同英格兰开战，还意味着詹姆斯会被逐出教会。而罗马教廷正与法国处于战争状态，因而苏格兰若不站在教廷那一边，他们则不会被认为是站在上帝那边。

詹姆斯四世进军英格兰并不是他第一次试图动摇英格兰。他曾于1496年支持觊觎王位的约克党人珀金·沃贝特（Perkin Warbeck）。然而，这些援助只相当于几次边境突袭，詹姆斯四世似乎对这个冒牌货没有多大热情。但这次，詹姆斯四世却是认真的，他带领4万人越过边境，这是有史以来进入英格兰最为庞大的苏格兰军队。军队不单是王权的象征，而且由来自全国各地的贵族组成。

詹姆斯四世一统苏格兰并组建了一支真正的国民军队，这是他之前的国王所难以企及的。在弗洛登战

詹姆斯很有海战天赋……他委托建造了当时欧洲最大的舰船。

场上，与苏格兰人交战的英格兰军队由阿拉贡的凯瑟琳率领，而当时亨利八世还在法国参战。苏格兰人使用了一种来自欧洲大陆的新式武器，一种25英尺①长的长矛，当它们被集体使用时将呈现出一种可怕的攻势。不幸的是，战斗中的地形和条件使詹姆斯四世很难如愿地使用长矛，而英式长柄钩镰——一种结合了矛和斧优点的武器——赢得了胜利。

詹姆斯四世和很多苏格兰贵族都在弗洛登战役中丧生，这对苏格兰人而言是致命的一击。詹姆斯四世在弗洛登的逝世标志着他是最后一位战死沙场的不列颠君主。他的尸体刺满箭羽，还被钩镰划得鲜血淋漓，经过防腐处理后作为战利品送到了阿拉贡的凯瑟琳阵前。她紧接着将她那件血淋淋破烂的外衣送给她在法国的丈夫，力劝他将那件破烂的外衣用作战争的旗帜。詹姆斯四世的遗体未能得到王室待遇的安葬，他作为国王仍然被逐出教会。

这便是苏格兰最后一位伟大的战士国王颇为卑贱的结局。其王位由詹姆斯的儿子詹姆斯五世继承。詹姆斯五世的女儿，苏格兰的玛丽女王，是斯图亚特王朝最著名和最悲惨的君主之一。她被囚禁了大半生，围绕着她的统治及骇人的处决事件塑造出一场史诗般盛大的早期现代肥皂剧，并为她的儿子登上英国王位铺平了道路。她出生仅6天，她的父亲詹姆斯五世便逝世了，留下这个国家并向亨利八世敞开了大门，亨利八世决定让她嫁给他的儿子爱德华，从而将苏格兰和英格兰的王位合二为一。亨利八世和法国的亨利二世都明白，谁控制了年幼的玛丽，谁就能支配苏格兰政治和宗教的未来。

玛丽登基时，苏格兰的新教徒和天主教徒间的仇恨达到了历史最高点。当她成为女王时，这个国家仍然是天主教国家，而她很聪明地没有对少数新教徒采取高压手段。然而，在她统治期间的一系列争议刺激了贵族们对她的反抗，而将她1岁的儿子詹姆斯推上了王位。玛丽逃亡英格兰，希望说服她的表妹——新教徒君主伊丽莎白一世——帮她重新夺回国家。但玛丽的麻烦接踵而至，她又成了丈夫达恩利神秘死亡案件的嫌疑犯。

玛丽被囚禁了近20年，并在英格兰度过了她最后的时光，教皇的动作在不知不觉中促成了她的倒台。《豁免令》是教皇将英格兰天主教徒从国家税收和法律中豁免的诏书。它同时宣布了信奉新教的女王伊丽莎白一世不是合法的王位继承人。这一法令在全国范围内煽动起许多阴谋和叛

▲ 詹姆斯一世和他的妻子琼·波福特。詹姆斯一世后来死于叛乱贵族之手，因为他对网球运动的热爱无意中阻碍了他那次匆忙的逃跑

---

① 1英尺=0.3048米

乱，玛丽作为一个可能继承王位的天主教徒，成为了这一阴谋网的中心。

她的结局便是"巴宾顿阴谋"，一个同情天主教事业的人企图杀死伊丽莎白以便使玛丽取而代之。巴宾顿与玛丽互通密码信，信中，被囚禁的女王下令杀死伊丽莎白。玛丽不知道的是，伊丽莎白的间谍网截获了这些通信，在对玛丽的审判期间，这些不利的证据被用以支持对其死刑的判处。

1587年2月8日，苏格兰的玛丽一世被斩首，这在某种程度上成了斯图亚特王朝的传统。然而，斯图亚特王朝还没有结束，因为玛丽之子注定要联合王室并将家族权力提升到更高层面。伊丽莎白一世没有指定继承人，而玛丽的儿子詹姆斯六世则强烈要求继承英国王位。他的父母都是都铎王朝——从亨利七世到玛格丽特·都铎——的后裔，和他的母亲不同，他是个新教徒。詹姆斯六世已然成为国王，在苏格兰和英格兰之间关系前所未有的好时，他是双方现有的最为密切的亲属，詹姆斯六世看起来的确是确保权

黑道格拉斯

道格拉斯家族从民族英雄到无人生还

中世纪道格拉斯家族的历史起伏不断而命运跌宕——从威风凛然的英雄转变为王室怨恨的死敌。在苏格兰独立战争期间，这个家族涌现了各式各样的民间英雄。第一位"黑道格拉斯"，詹姆斯·道格拉斯爵士，曾与罗伯特·布鲁斯并肩作战并成为英国人心中恶魔般的人物。在第二次苏格兰独立战争期间，被称为"骑士之花"的威廉·道格拉斯于1341年从英格兰人手中夺回了戒备森严的爱丁堡城堡，再次证明了家族的价值。利用一种类似特洛伊木马的策略，道格拉斯和他的手下装扮成商人，接近城堡并闯开大门，让嗜血的爱丁堡市民蜂拥而入。守军被屠杀，许多人被从城堡所在的岩石上掷下摔死。

随着英格兰威胁的消失，道格拉斯家族已非常强大，并将他们的野心转向了苏格兰王位。他们以罗伯特三世的女儿同阿奇博尔德·道格拉斯婚配来与王室结合，这也使家族卷入了边境和欧洲大陆的军事斗争中。斯图亚特王室视这种力量为破坏国家稳定之力，他们要镇压这一家族，杀鸡儆猴使其和其他贵族一同表示服从。

第一次血腥运动由詹姆斯二世发动，至少是以他的名义发动的。16岁的第六代伯爵威廉·道格拉斯，在后来被称为"虚假的黑色晚宴"中被杀。而此时的国王仅有10岁。但多年后，类似的情节再次上演，当23岁的詹姆斯被指控叛国罪并与英格兰人密谋时，他刺杀了第八代伯爵——另一个威廉。这一举措导致了第九代伯爵詹姆斯·道格拉斯反叛君主，以至于不得不在1552年的阿尔金农战役中使之屈服。

在这里，詹姆斯按家族传统称自己为"黑道格拉斯"，与"红道格拉斯"乔治率领的皇家军队作战。乔治与詹姆斯沾亲带故，因此这种争斗导致他与自己的大多数家族成员长期不和。这场战斗书写着黑道格拉斯族的终结，也见证了忠于王室的红道格拉斯的崛起。这个一开始作为英雄出现的家族后来变为了王室之敌，他们的野心和斯图亚特家族的军事势力使他们落入谷底。

▲ 詹姆斯·道格拉斯的盾牌上描绘着罗伯特·布鲁斯之心的图案。道格拉斯家族一直忠实地侍奉着王室，直到他们的权势过于强大，无法被控制

保持王室血脉

斯图亚特王朝和都铎王朝的联姻为王室的联合铺平了道路

作为栖息在同一小岛上的两大王室家族，斯图亚特王朝和都铎王朝联姻的可能性非常大。伴随着王子和公主为了繁荣、友谊与和平而结合，苏格兰和英格兰王室得以永久享有王室联系。都铎王朝的到来标志着二者关系翻开了新的篇章。《永久和平条约》的签署见证了苏格兰和英格兰敌对状态的结束，亨利七世的女儿玛格丽特·都铎和詹姆斯四世的婚姻也是其中的一部分。

在詹姆斯一世同琼·博福特（Joan Beaufort）婚配前，家族已同这位亨利七世的姑婆有过间接的关系，但詹姆斯和玛格丽特的婚姻是都铎家族即位后的首次直接联姻。虽然苏格兰王室家族的继承权很稳固，但都铎家族仍面临着巨大的压力。亨利八世唯一的儿子爱德华六世英年早逝，他将表姐简·格雷女士（Lady Jane Grey）列为继承人而排除了同父异母的姐姐玛丽和伊丽莎白。国王死后，玛丽从简·格雷手中接过王位，但在她死后，王位传给了她的妹妹伊丽莎白。和她的姐姐一样，伊丽莎白没有合法的继承人，导致罗伯特·塞西尔（Robert Cecil）得以使詹姆斯六世成为已逝女王、英格兰和爱尔兰的詹姆斯一世血统最纯正的近亲。

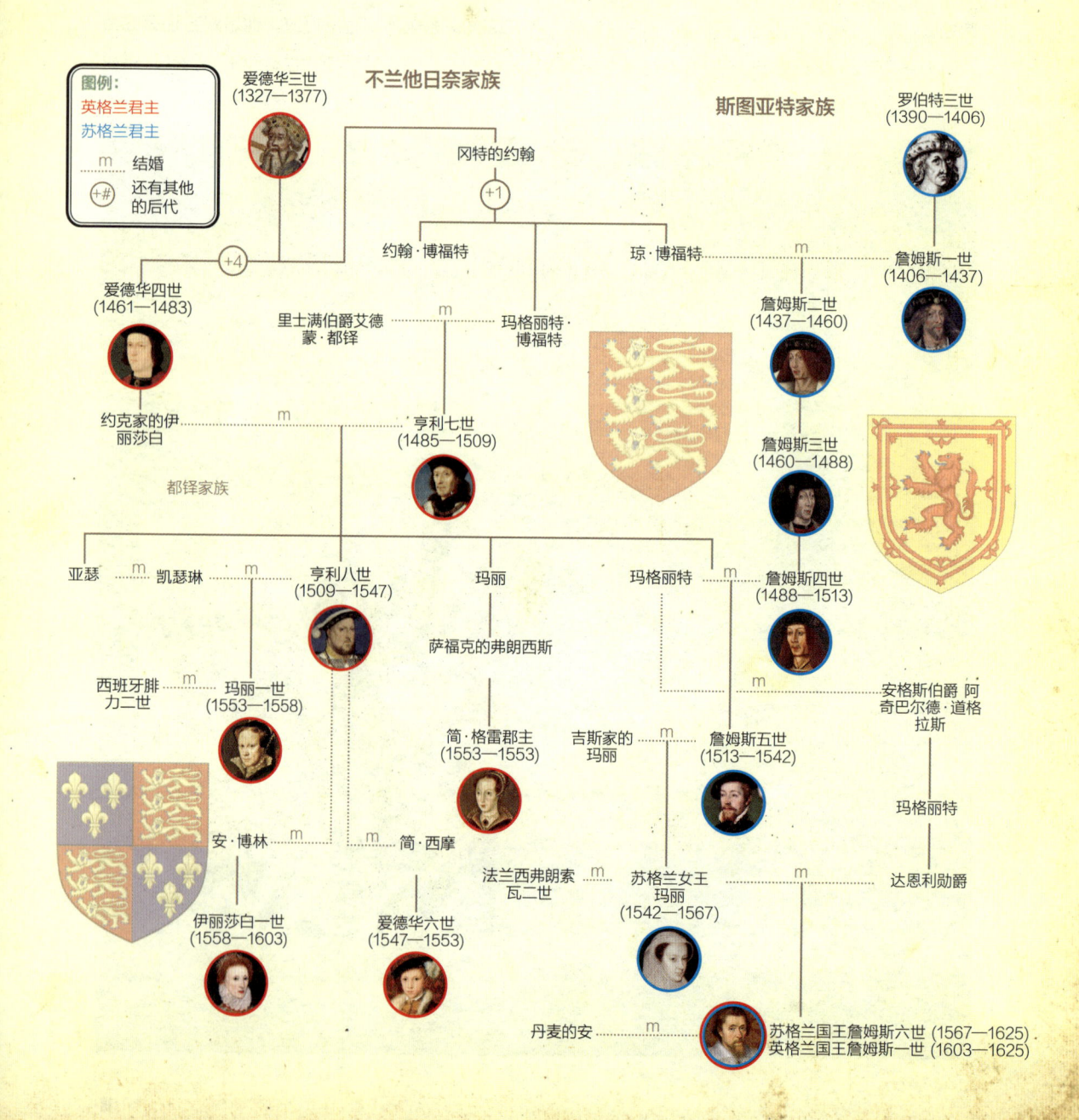

图例：
- 英格兰君主
- 苏格兰君主
- m 结婚
- +# 还有其他的后代

不兰他日奈家族

- 爱德华三世 (1327—1377)
  - 冈特的约翰 (+1)
    - 约翰·博福特
      - 里士满伯爵艾德蒙·都铎 — m — 玛格丽特·博福特
        - 亨利七世 (1485—1509) — m — 约克家的伊丽莎白
    - 琼·博福特 — m — 詹姆斯一世 (1406—1437)
  - 爱德华四世 (1461—1483) (+4)

斯图亚特家族

- 罗伯特三世 (1390—1406)
  - 詹姆斯一世 (1406—1437)
    - 詹姆斯二世 (1437—1460)
      - 詹姆斯三世 (1460—1488)
        - 詹姆斯四世 (1488—1513)

都铎家族

- 亚瑟 — m — 凯瑟琳 — m — 亨利八世 (1509—1547)
- 玛丽 — m — 萨福克的弗朗西斯
- 玛格丽特 — m — 詹姆斯四世 (1488—1513)
- 玛格丽特 — m — 安格斯伯爵 阿奇巴尔德·道格拉斯
  - 玛格丽特 — m — 达恩利勋爵

- 西班牙腓力二世 — m — 玛丽一世 (1553—1558)
- 安·博林 — m — 伊丽莎白一世 (1558—1603)
- 简·西摩 — m — 爱德华六世 (1547—1553)
- 简·格雷郡主 (1553—1553)
- 吉斯家的玛丽 — m — 詹姆斯五世 (1513—1542)
- 法兰西弗朗索瓦二世 — m — 苏格兰女王玛丽 (1542—1567)
- 丹麦的安 — m — 苏格兰国王詹姆斯六世 (1567—1625) 英格兰国王詹姆斯一世 (1603—1625)

▲ 处决苏格兰女王玛丽

力平稳、不流血更替的最佳人选。

一种恐惧和变动的气氛笼罩在伊丽莎白统治的最后几年,以至于詹姆斯六世本人也怀疑自己是否有资格戴上英格兰和苏格兰的王冠。詹姆斯六世轻松地登上王位可能令很多贵族,包括英格兰和苏格兰的贵族以及詹姆斯本人都感到惊讶。亨利八世在他的遗嘱中规定詹姆斯六世不能继承王位,但詹姆斯六世通过声称他是君权神授予以回击。通过世袭权利和长子继承权继承王位后,詹姆斯六世认为亨利八世无权否认这些神圣的权利。

詹姆斯六世和伊丽莎白的首席大臣罗伯特·塞西尔之间的秘密通信表明,苏格兰国王至少得到了一些英格兰枢密院议员的支持。詹姆斯六世和塞西尔之间存在叛国可能性的通信开始于女王去世前的几个月。由于伊丽莎白不愿指定继承人,西塞尔便擅自帮助詹姆斯六世登上王位。伊丽莎白去世前不久,一份宣言草案被递交给詹姆斯六世以确保准备万全。就在女王于1603年去世后的几个小时内,詹姆斯六世被宣布为苏格兰、英格兰和爱尔兰的国王,两个王冠合而为一。正如亨利七世所料,英格兰很快成为詹姆斯六世关注的焦点。他承诺每三年返回苏格兰一次,但在他作为联合国王统治的14年中他只回访过一次。这可能是出于必要,因为他提出的两国联合的愿景在下议院遭到了激烈反对。到1607年,詹姆斯六世设法废除了很多反苏格兰的敌对法,并自封为大不列颠国王。尽管这些举措有助于消除两国之间的隔阂,但建立政治联盟仍是不可能的。詹姆斯六世对此感到沮丧,他形容英国议会为"先入之见下的无果主张"。

斯图亚特王朝的这一新开端预示着一个新时代的来临,但这个时代仍满是危机。这一新的开端将被敌对势力、宗教分歧和反君主制情绪所破坏。这是王室崭新的篇章,但也同样少不了震颤和危险。

MARIE
REINE
D'ESCOS
SE

> 玛丽曾经短暂地被许配给亨利八世的儿子爱德华，这是1543年作为英格兰和苏格兰之间联盟的一部分而定下的，但这一联盟最终没能成功。

介绍

苏格兰女王玛丽

充满心碎、背叛和失去，苏格兰最具悲剧性女王失势的故事

时间线

1542

● **女王出生**
玛丽作为苏格兰詹姆斯五世唯一活下来的孩子出生了。极度盼望一个男性继承人的詹姆斯深感失望。6天之后悲剧降临，詹姆斯驾崩，使得年幼的公主成为苏格兰新的女王。
1542年12月8日

● **玛丽加冕**
仅仅9个月大，玛丽就在斯特林城堡加冕为王。阿兰伯爵一直摄政，直到1554年玛丽的母亲接过了摄政权。
1543年9月9日

● **完成使命**
为了巩固与法国的联盟，15岁的玛丽和法国皇太子弗朗索瓦结婚。她从1548年开始就生活在法国，这是双方婚姻协议中的一部分。弗朗索瓦在1559年他的父亲亨利二世去世后继位为王。
1558年4月24日

● **年轻的寡妇**
执政不满18个月，弗朗索瓦驾崩。玛丽对此十分伤心，尤其是她母亲也在6个月前去世。
1560年12月5日

● **未来国王的出世**
在逃入爱丁堡之后，玛丽生出了她唯一的孩子——詹姆斯。她和达恩利的婚姻问题百出，她开始考虑如何摆脱他。
1566年6月19日

● **血腥谋杀**
达恩利越来越暴躁，因为玛丽一直拒绝同他共治国家。因此他和新教徒秘密策划了一个阴谋试图获得王位，而且他还在已经怀孕的女王面前令人惊骇地参与谋杀了玛丽的私人秘书戴维·里奇奥。
1566年3月9日

● **地狱里的婚姻**
玛丽在荷里路德宫（Holyrood Palace）嫁给了她的表亲达恩利勋爵，激怒了英格兰伊丽莎白一世女王，因为他们都对英格兰王位有强烈的主张。这也导致了其他苏格兰贵族的嫉妒，他们认为达恩利爬得太高了。
1565年7月29日

● **无枝可依**
18岁的玛丽返回苏格兰，决心掌控自己的命运。然而她发现自己在祖国成了一个不速之客。
1561年8月19日

● **谋杀**
一次凌晨在爱丁堡城外科克奥菲尔德发生的爆炸摧毁了达恩利的住处。达恩利的尸体在花园被人发现，谣言开始流传，说他其实是被人谋杀的。嫌疑人是女王和她的密友博斯维尔伯爵。
1567年2月9日—10日

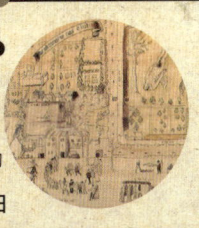

● **可耻的绑架**
因其丈夫之死导致的丑闻使玛丽声名狼藉。在去斯特林城堡访问了他儿子之后，博斯维尔为了玛丽的安全坚持护送她到邓巴城堡。途中他性侵了她，尽管对于玛丽而言是否自愿存在争议。
1567年4月24日

● **灾难的秘诀**
仅仅在达恩利死后3个月，玛丽就嫁给了博斯维尔，贵族们群情激愤，他们起兵反抗自己的女王。
1567年5月15日

● **适合女王的监狱**
玛丽和博斯维尔在卡伯里山和造反部队兵戎相见，女王最终在支持者作鸟兽散后沦为俘虏，博斯维尔被流放国外，最终死于丹麦的一个监狱。
1567年6月15日

● **一位被捉的女王**
由于伊丽莎白担心这位表亲会凝聚天主教力量以试图赶她下台，玛丽被英格兰当局迅速逮捕。
1568年5月18日

● **一次大胆的逃跑**
在仅有的支持者的帮助下，玛丽化险逃出了苏格兰。期望她的表亲伊丽莎白会提供给她帮助，她去了英格兰。
1568年5月2日

● **被废黜的女王**
流产后仅一天，玛丽被迫退位给她仅一岁大的儿子詹姆斯。玛丽最后一次见到她的儿子是在他10个月大的时候，从此再未见过一面。他同父异母的兄弟莫来伯爵成了摄政王。
1567年7月24日

● **又一次令人心碎的损失**
在被造反的人囚禁于拉文湖城堡后，玛丽遭受了一次致命的流产，失去了博斯维尔的双胞胎。
1567年7月20日—23日

1587

● **毁灭性的证据**
在将近20年的软禁之后，间谍头子弗朗西斯·沃辛汉姆发现了一封信，证明玛丽被牵扯进了试图谋杀其表亲的"巴宾顿阴谋"中。这是一系列天主教阴谋的终曲，目的是以玛丽替代伊丽莎白。
1586年8月11日

● **判处死刑**
玛丽因叛国受到审判，但她坚决否认。她声称作为在位女王，她不受英格兰法律约束，而仅对上帝负责。尽管如此，她仍被判有罪，并被处以死刑。
1586年10月14日—15日

● **亲自盖章送达**
尽管伊丽莎白犹豫了数月，但她最终还是签署了玛丽的最终判决书。然而她是否真的有意执行这一判决，一直饱受争议。
1587年2月1日

● **时间线的终结**
在死刑判决书签署6天后玛丽被砍头。她的死刑在欧洲掀起轩然大波，她也变成了天主教殉道者。她的儿子詹姆斯在1603年继承了伊丽莎白的王位，并将英格兰和苏格兰联合起来。
1587年2月8日

女王的敌人

伊丽莎白一世女王与她丑闻缠身的表妹苏格兰女王玛丽的致命对抗

在1586年的议会中，来自沃里克郡（Warwick）的乔布·斯罗克莫顿（Job Throckmorton）对玛丽·斯图亚特发起了狂暴的攻击。他怒吼道，她是"如此丑恶以至于没有哪个基督徒愿意看她，她的恶行玷污了大地，败坏了空气，她对上帝的教会和上帝任命的我们威严的君王所持有的憎恶已经臭名昭著上达天庭"。消灭玛丽是对"上帝的教会最好的解脱"，斯罗克莫顿呼吁他的议员同事们一起来向女王请愿"不能让这个邪恶的女人存活于世"。

他相信没有人敢"开口为玛丽辩护"，而事实也确实如此。议会向女王解释道："玛丽对于您个人的怨恨与日俱增，尽管您一直对她宽大为怀、充满善意。"她"满心期盼您死去，甚至不

伊丽莎白无法诞下继承人这件事越来越令人恼火。

▲ 新教徒伊丽莎白担心有人密谋把她赶下英格兰王位，并让虔诚的天主教徒苏格兰女王玛丽取而代之

▲ 尼古拉斯·希拉德的《戴鹈鹕配饰的女王肖像》把伊丽莎白一世化作了英格兰教会之母

惜为此以命相拼",在她这么多年坚持试图"摧毁和颠覆这个快乐的国家和这个最高贵的王国政府之后",谁又会对此感到惊讶呢?

事情是如何到了如此紧张的程度,以至于一位女王被要求让她的贵族表亲血溅当场。这其中存在着最讥刺也最令人疑惑的都铎传奇。

玛丽·斯图亚特和伊丽莎白·都铎之间的关系从一开始就注定充满波折,其中最主要的原因是王位继承问题。在伊丽莎白即位之初,当时的英国议会就已经向伊丽莎白请愿,要求她尽早地结婚,但她对此不屑一顾,并宣布,至少在当时,她会保持"目前这样的生活"。如果有可能结婚,她会选择一位一心想着英国利益的对象,但"到最后,对我来说这就够了:一个大理石碑会宣布这位女王曾存在于世间,生前死后都是一个处女"。

1559年,几乎所有人都认为这只是一个话术而非整个王朝的意志,但伊丽莎白没能找到一个丈夫并诞下最为重要的继承人变得愈发令人不安。公平来说,任何婚配都有问题。外国丈夫会使人们担心海外势力对英国事务的干预,这个王国已经在玛丽·都铎和西班牙国王菲利普二世的婚姻中受够了。同时也无法想象哪个国内的丈夫有足够的身份地位或者不会引起其他英国贵族的激烈竞争。

虽然如此,还是有很多人认为有胜于无,甚至早在1562年,索尔兹伯里(Salisbury)主教约翰·朱厄尔(Bishop John)就感受到了社会中流行的思潮:"啊!我们太悲惨了,连我们受谁统治都不知道。"当然,婚姻也并不是缓解国民忧虑的唯一途径。继承人可以被指定,而早在1559年的议会中,伊丽莎白就已承诺会在"合适的时候"这样做。唯一的问题是明摆着的继承人——苏格兰女王玛丽,争议颇多。选择玛丽的原因很直接。她是苏格兰国王詹姆斯五世的女儿,而詹姆斯五世又是亨利八世的妹妹玛格丽特·都铎之子。伊丽莎白的祖父和玛丽的曾祖父是同一个人——亨利七世。在更淳朴的时代,把玛丽定为继承人,将会是相对合理的事。

玛丽出生于1542年12月8日,仅仅几日后,她的父亲即驾崩,她便登上了苏格兰王位。1543年7月,《格林尼治条约》的条款之一要求玛丽和亨利八世之子爱德华订婚。然而苏格兰很快违约,另一场英苏战争接踵而至。玛丽的婚姻也发生了新的变化,1548年7月,苏格兰议会同意她与法国王储弗朗索瓦订婚。玛丽8月出发前往法国,在法国宫廷度过数年后,她在1558年4月嫁给弗朗索瓦。

仅仅在几个月后的11月,玛丽·都铎去世,欧洲许多天主教徒都在满腹怀疑地看着这个受人讨厌的安·博林(Anne Boleyn)之女伊丽莎白登上王位。苏格兰女王玛丽,这个确定无疑的天主教同情者,难道不比伊丽莎白更有权获

▲ 利文湖城堡的废墟，这座苏格兰要塞曾囚禁了玛丽，后来，她从这里逃往了英格兰

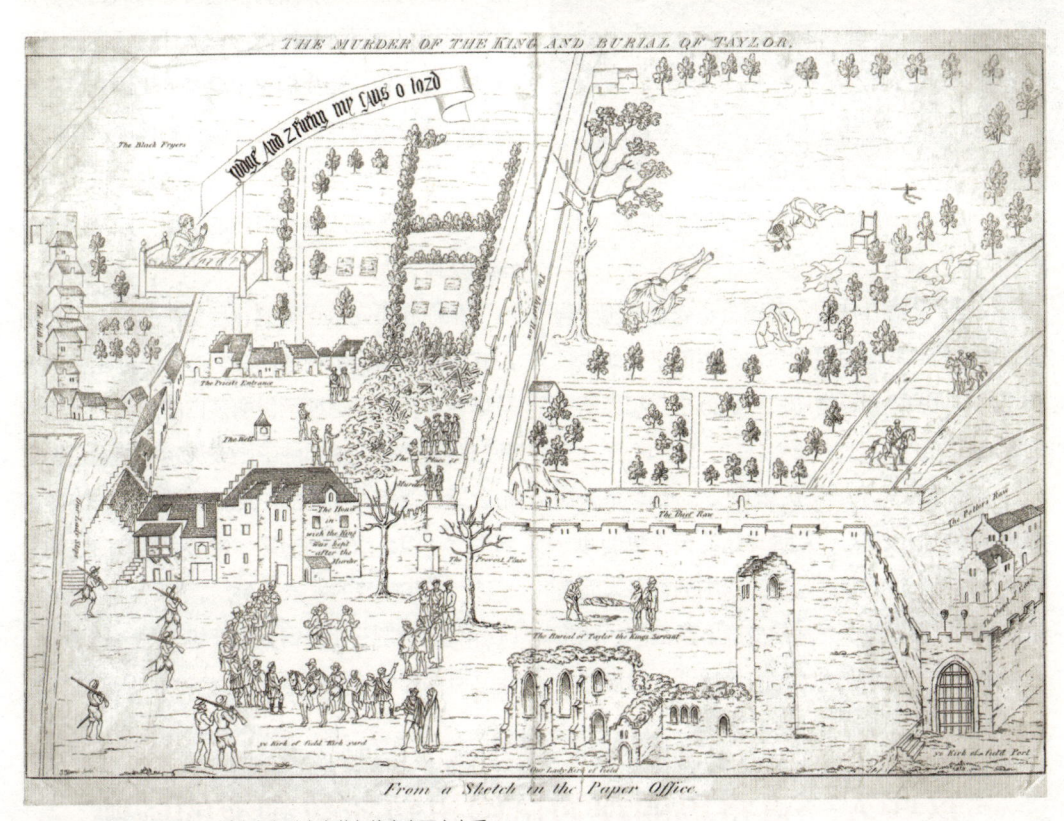

▲ 这张地图画于玛丽第二任丈夫在科克奥菲尔德离奇死亡之后

▲ 尽管伊丽莎白给玛丽提供了诸多帮助，但没有证据证明两人曾经相见

欧洲的许多天主教统治者都认为，如果伊丽莎白去世，玛丽即便不会是一个很好的继承人，也是一个理想的接替者。比如西班牙的菲利普二世就认为，玛丽一直会是"宗教进入英格兰王国的入口"。

不用说，把玛丽定为伊丽莎白的继承人从一开始就被认为是危险的，但是这并非不可能。1560年12月，当丈夫去世后，玛丽回到了苏格兰，她一边在应对新教国家和暴躁贵族带来的压力，一边向英格兰政府表达了自己的意愿。在1566年写的一封信中，玛丽催促伊丽莎白的枢密院"鼓动你们的国王在我们的这个问题上显示理性"。她是在暗指伊丽莎白指定继承人的问题，尽管她很明智地向枢密院保证"我们不想对我的好姐姐施压，以防令她感到不快"。

玛丽的一些支持者对此更加直言不讳。约翰·莱斯利就写道，所有的君主都有职责为其逝世之后的权力平缓转移做准备。让继承问题悬而未决就是在冒"让我们这个尊贵的王国充满不和并被内部分歧虚耗的巨大危险"的风险。伊丽莎白应将注意力转向玛丽，因为玛丽对王位的所求"最符合上帝的法律、自然的法律，以及这个王国的法律"。

莱斯利是完全正确的，尽管有些迟，但玛丽正式放弃了取代伊丽莎白的野心。之前至少在公开场合，玛丽只想继承伊丽莎白的王位，但伊丽莎白明确表示，除非她结婚或决定不结婚，否则不会指定继承人。玛丽对这种模棱两可的态度感到失望，但必须强调的是，她与伊丽莎白之间是一种"和和气气的紧张关系"。然而到了16世纪60年代，情况开始变得更加严峻。

伊丽莎白可能确实不想结婚，但这并不妨

得王位吗？起码在法国，英国王室纹章被用于玛丽，而且1559年7月亨利二世去世时，弗朗索瓦和玛丽有机会称自己为法兰西、苏格兰和英格兰的统治者。

上述行为只不过是虚张声势，但却充满挑衅，不会被很快遗忘，就像玛丽的天主教信仰一样引人注目。这对伊丽莎白政权中的很多人而言是非常难以接受的，尤其是威廉·塞西尔，他将在未来的数十年中花大力气打垮玛丽。很显然，

这些人一直将玛丽视为试图扭转新教潮流的威胁。

碍她激烈地干预玛丽的婚姻。玛丽和如菲利普二世的儿子唐·卡洛斯这样的人结婚的前景是令人憎恶的，因此伊丽莎白政权为更合适的人选提出了各种各样的建议，更奇怪的是，人选包括伊丽莎白的密友罗伯特·达德利。玛丽拒绝了这些建议，而选择了达恩利勋爵亨利·斯图亚特，一个对英格兰王位继承有强烈主张的人。他们在1565年7月结婚，然而达恩利却证明这是场十足的灾难。他参与了谋反他妻子的密谋以及1566年3月对玛丽亲信戴维·里奇奥的谋杀，并于1567年2月逝世。他们在科克奥菲尔德的住所被人蓄意炸毁，达恩利被发现在花园里吊死。

伊丽莎白写信给玛丽表达对这场灾难的伤痛，同时又吹毛求疵地指出"这类事情正证明你是自找的"。更糟糕的事情接踵而来。任何表露玛丽和她下一任丈夫之间有爱情的论断都是荒谬的。博斯维尔伯爵为得到玛丽采取了令人厌恶的手段，1567年春天，他绑架了女王才保住了王位。玛丽在5月结婚，但大部分苏格兰贵族已经厌倦了她的滑稽行为。7月，被俘的玛丽被迫退位，让位给襁褓中的儿子詹姆斯。她被关押在洛克利文要塞，但在1568年5月成功逃离并穿越边境进入英格兰。正如她在给伊丽莎白的信中所写的："我现在被赶出了我的王国，到了这样的困境，上帝啊，我没有任何希望，只有你的仁慈。"

这种情况对英国女王来说是尴尬的。玛丽曾被贵族驱逐，被广泛怀疑与达恩利的神秘谋杀案有关，她几乎成为英格兰天主教不满情绪的焦点。后几年发生的事件——1569年的北方叛乱和1570年玛丽被教皇逐出教会——并未安抚到玛丽的敌人。马斯·诺顿（Thomas Norton）将玛丽·斯图亚特描述为"在荣耀和名誉上一败涂地"，"自己的行为为世人所知"，揭示出"她被赋予的倾向是如何"的人，皆是为人所接

▲ 弗朗西斯·沃辛汉姆爵士，伊丽莎白一世的首席情报官，本作品由约翰·得·德利茨画于1585年

受的。

尽管伊丽莎白非常严肃地对待这位和她一样同为君主的人，然而，软禁玛丽也是十分必要的，伊丽莎白并没有急于去审判玛丽过去的行为以及今后可能的意图。1569年10月到1570年1月的调查委员会只有一系列的证据证明，玛丽参与了达恩利的谋杀（这些证据现在被认为是篡改和伪造过），而伊丽莎白却认为这些并不能给出一个明确的结论。然而1571年出现了"鲁迪飞密谋"——这一次规模庞大的计划包括西班牙军队入侵英国，复兴天主教，伊丽莎白下台，玛丽嫁给诺福克公爵接替伊丽莎白继承王位。

▲ 在福瑟琳格城堡举行对玛丽的审判

1572年5月议会开会时，很多人都传言玛丽对于这次阴谋是知情并同意的，而在接下来的几个月里，伊丽莎白听到了许多直率的建议，指出如何对待那些试图"毁掉我们君王"的人。请愿者指出："我们认为，女王陛下如果不依照玛丽的罪行程度对她施以最严厉的惩罚，陛下在上帝面前一定会受到谴责。"绝不可有任何偏袒或"执法不严"，因为玛丽"继承了戴维国王所有不肖子孙的一切罪恶：通奸，谋杀，密谋，叛国，亵渎上帝"。她"遗忘了上帝及一切美德……想尽一切办法不只试图使陛下失去尘世的高贵，而且试图谋害你的性命"。

可以使玛丽保命的许多因素都遭到了人们的反对。她并不是英国人的这一事实在这里毫无意义，而她王室的尊贵地位也没有保护她，而且之前有很多杀死犯错统治者的先例。即使是"可敬的"约书亚也曾经同时"置五位国王于死地……让士兵把脚踩在他们的脖子上，残忍地杀死他们"。伊丽莎白并不愿牺牲玛丽，而是选择通过处死诺福克公爵来安抚臣民。女王似乎认为保护玛丽是她的公共责任，既是作为一个亲戚，也作为另一位君王。然而她们的私人关系怎么样呢？她们之间的很多私人通信流传至今，尽管经常受到其中外交辞令和繁文缛节的干扰，但这些信中包含的很多迹象显示，玛丽在羁旅英格兰期间双方关系在不断恶化。

起初，玛丽"对于自从我到达之后就受到的尊敬对待和慷慨款待充满感激之情"，但即便在这种时候，玛丽也并非全无抱怨。没多久，她便开始抱怨她的仆人在边境遭到搜身，她还相信伊丽莎白在苏格兰支持她的敌人这样的谣言，并声称："我国的情况迫使我必须与您开诚布公。"十年不到的时间，玛丽就坚持声称："我一直相信你……我只做你建议我做的事，就像女儿听母亲的话一样。"她不能理解她受到的没有爱意的对待，批评和隐晦的威胁不太可能对伊丽莎白产生任何影响，但玛丽毫不气馁："我请求你不要逼迫我同你产生分歧，至今为止我还是希望能和你成为亲近的人。"她还补充道："我需要帮助，否则的话我只能向上帝寻求帮助。"

伊丽莎白不是那种会轻易发出威胁的君主，但随着16世纪70年代逐渐结束，她对玛丽也愈发无法忍耐。这位英国女王提醒玛丽，她一直在"做一个好亲戚应该做的事"，但她也很明显对玛丽笔下流淌出的"奇谈怪论"极为不满。伊丽莎白建议，"不论多么困难都信赖我"，要比"传播那些无脑的流言或者恶毒的中伤"要明智得多。1572年2月，在收到了一封玛丽"充满尖锐和侮辱性语言"的"长信"之后，伊丽莎白提起她的表亲，"邪恶的语言不可能使你获得好的事务"。随着伊丽莎白来信频率的降低，玛丽生气得有所让步，在1574年2月有段时间没有写信

伊丽莎白对这种激烈手段的反对遭到了正面对抗。

后随即解释道:"因为不想给你造成不快,我的信最近看起来似乎并不能得到你的回复。"

互相的仇视还在继续发酵,而玛丽变得越来越愤愤不平,因为她重登苏格兰王位的可能性日渐消散,而且她和她儿子的疏远也使她格外悲伤——随着这一切阴谋再次降临。1583年,第一次"斯罗克莫顿阴谋"来临,其目的是由法国的吉斯公爵率军入侵把伊丽莎白赶下王位。很难判断玛丽对此的知情程度或是支持程度,但她的一些主要支持者显然牵扯其中。数千伊丽莎白的臣民对此非常警惕,他们在1584年发起了邦德协会,协会成员发誓要置任何试图对伊丽莎白性命不利的人于死地。

1585年3月,玛丽给伊丽莎白写信,落款时自称"你卑微而深情,但绝望的妹妹和表亲"敬上。这种绝望的感觉完全正确。玛丽告诫她"误入歧途的孩子"和那些试图"在很久之前就孜孜不倦地把他和我分割开来的人"。她写道,她非

大众文化当中的玛丽和伊丽莎白

在历史长河中,人们是如何描绘这两位女王的?

对玛丽和伊丽莎白之间关系的描绘,无论是在高雅艺术还是大众文化中,人们都很少关注其中的历史细节。这两位女士从未相见,这对于那些喜欢狗血剧情的人来说实在是个遗憾,所以有关二人相见的场面,就被人们很自然地编造了出来。这出现在席勒的戏剧《玛利亚·斯图亚特》当中,也两次出现在1971年的电影《苏格兰女王》当中。扮演伊丽莎白的是格兰达·杰克逊,饰演玛丽·斯图亚特的是瓦妮莎·雷德格瑞夫。在玛莎·葛兰姆1985年的舞蹈作品《经历》中展现了这两位女王在打网球时尽力试图求同存异。然而大多数虚构的二人见面场景都倾向于狗血剧情。

多尼采蒂的歌剧《玛利亚·斯图亚特》充满了指责,而这在某一个场合下产生了令人遗憾的后果。饰演玛丽的歌手向她的对手口出恶言:"安·博林肮脏的女儿,你居然说什么羞耻?卑劣可耻的娼妇,我都替你脸红。英格兰王位受到了你的玷污,你这个可憎的杂种。"在一次早期的排练中,因为上述台词的表演太过激情,以致饰演伊丽莎白的歌者真的生气了,两位歌手大打出手。夸张的讽刺是非常普遍的,玛丽通常要么被描绘成无辜的受害者,要么就被描绘成被爱情冲昏头脑的政治棋子。但这件事堪称一次极为特殊的历史双人剧,它启发了非常多不同类型的艺术家,比如罗伯特·舒曼、路瑞德及利兹·洛赫海德。

▲ 伊丽莎白一世签署的对苏格兰女王玛丽施行的死刑令

常高兴放弃了任何成为继任者的希望，并且想知道她是否可能被允许离开这个岛，去一些偏远的地方。

玛丽的敌人绝不会允许她的这些想法成为现实，当1586年"巴宾顿阴谋"出现后，这些人获得了动手的机会。这最近的一次密谋十分严重，像之前一样，其目的是杀死伊丽莎白让玛丽取而代之，但是政府听到风声之后并没有立即采取行动阻止这一活动。相反，他们潜入密谋者当中，还允许玛丽和密谋者保持联系。与玛丽的来往信件被藏在送往查特里屋（Chartley House）的啤酒桶里，但是这些信在必要的时候会被复制和破译出送至伊丽莎白的首席情报官弗朗西斯·沃辛汉姆（Francis Walsingham）手中。所以7月6日安东尼·巴宾顿（Anthony Babington）给玛丽写信通知其计划时，沃辛汉姆对此了如指掌。7月17日，玛丽回信时，沃辛汉姆喜不自禁。玛丽写道，她知道"此事正在准备当中"，并且没有对"这一计划的实现"表示任何反对。

玛丽在10月受到审判，并被判有罪。随后，议会召开了会议。正如一位发言人简洁指出的那样，是时候"让这个最邪恶和卑劣的女人接受惩罚了"。人们再次请愿要求处决玛丽，伊丽莎白对此的反对遭到了正面对抗。"苏格兰女王仅仅是一个远房表亲，但我们是这个国家的子孙，而你不仅是这个国家的大家长，也是它的忠实伴侣。"

如果伊丽莎白拒绝处死玛丽，后果将非常严重："如果饶她不死，陛下不仅将给上帝的敌人、陛下的敌人、王国的敌人以勇气与耐力，而且还会使你的臣民灰心丧气，甚至理所当然地导致上帝的愤怒和制裁。"

然而伊丽莎白再一次含糊其辞，在11月24日的演讲当中，为了直接回应这些请愿，她解释道："我的人生当中从来没有像今天这样，为我应该说明还是沉默而感到烦恼。"到这个时候，对于如何处置玛丽，她只能给出她所谓的"无言的回答"。这可能是真的举棋不定，也可能是女王在做决定前显示仁慈的一种手段，但是几乎所有人都知道事情将如何结束。12月4日，死刑的判决书已被起草。同月，玛丽给伊丽莎白写信表示接受任何结果，"你可以随意对我的话进行评说"。她已经"决心只在耶稣基督面前对自己进行辩护"，因为耶稣基督已经帮她走过了这么多"无端的诽谤、指责和控告"。她称自己为未来的殉道者，正在走向她"漫长而艰辛的朝圣之旅"的终点。

从法国和苏格兰来的请愿者到达英国试图为玛丽说情，我们只能猜测在这段困难的时期，伊丽莎白的所思所想。另一方面，玛丽在宫里的敌人等不及了，伊丽莎白终于在1587年2月1日签署了死刑命令。她声称将此文件交给了国务大臣进行保管，但是又似乎暗示称她不想再过问此事。更加引起混乱的是，有人建议让玛丽的看守人悄悄把她做掉，但遭到了拒绝。面对如此多的不确定性，枢密院决定盖章同意并把这份死亡命令发往福瑟琳格堡（Fotheringhay Castle），那是玛丽被关押的地方。

玛丽于2月8日晨被处死，到中午时，伦敦教堂的钟声响起，欢庆的焰火开始燃起。伊丽莎白陷入了悲痛的癫狂之中，她对把命令送往城堡的议员大发脾气，这也许是真正的愤怒，也许是演戏，也有可能源于一种无法摆脱的罪恶感。

从这一天开始，对玛丽的各方评价呈现针锋相对的状态。理查德·克朗普顿（Richard Crompton）在玛丽被处决后不久就写道："她是所有心怀不满者的一切希望，她是一切罪恶得以建立的基础，她是产生一切造反和叛乱行为的根源。"耶稣会士罗伯特·索斯维尔（Robert

▲ 时人对在福瑟琳格城堡处决苏格兰女王玛丽时的描绘

Southwell）对此有不同看法，他在一首诗中替玛丽发声：

> 身为女王，今死为圣徒；
> 曾名玛丽，现为难友；
> 尘世之治，横遭阻碍。
> 然我反享天堂极乐。

正如人们所想的那样，乔布·斯罗克莫顿声称"毫无疑问，最近在福瑟琳格发生的事情值得称颂"。但这并不表示玛丽的死给他的暴言画上了句号。玛丽死后仅仅几周，他就把视线投向了外交政策，并且对欧洲诸国进行了严厉的谴责。因为西班牙是当前的敌人，所以我们可以想见没有人会对这位议员声称这个国家被"毫无廉耻的下流胚所统治"而感到特别惊讶，但是对友好的国家随意指责就是另一回事了。他声称苏格兰受到了一个"幼稚且犹豫不决的首脑"的统治，而且他对法国的攻击也使得其他人倒吸一口冷气。他断言法国国王"因头晕目眩而无能，就像被催眠了一样"，但这根本不奇怪，因为他是凯瑟琳·美第奇家族（Catherine de' Medici）的后代。

到这个时候，斯罗克莫顿的暴言就不合时宜了，他的讲话被称为是"下流的和亵渎的"，人们建议他最好不要"指责国王"，在"说话时尊重国王"是很重要的。而就像这些忠告者已经意识到的那样，这种谦恭有礼却很少被运用到苏格兰女王玛丽身上。

▲ 玛丽写给伊丽莎白的一封信，要求获准同一位天主教神父和他的儿子说话

詹姆斯写了一篇关于吸烟的论文《抨击烟草》。他将这种吸烟习惯描述为:"目之可憎,吸之可恨,对脑有害,对肺有毒。"

介绍

詹姆斯一世

英格兰的第一位斯图亚特国王,詹姆斯一世虽受人敬爱却因不擅做决定而出名。

时间线

1566

● **詹姆斯诞生**
詹姆斯诞生在爱丁堡城堡。他的母亲是苏格兰女王玛丽,父亲是女王的第二任丈夫达恩利勋爵。
1566年6月19日

● **苏格兰国王詹姆斯六世登基**
詹姆斯的母亲苏格兰女王玛丽在其丈夫离奇去世后,在苏格兰贵族的压力下被迫逊位南逃。其子詹姆斯在1岁时登基成为詹姆斯六世。他在强大的新教徒的照顾下长大,以确保他不会像他母亲一样信仰天主教。
1567年7月27日

● **苏格兰女王被处死**
詹姆斯的母亲玛丽被伊丽莎白一世以叛国罪处死。詹姆斯仅表示了象征性的反对。
1587年2月8日

● **丹麦的安公主**
詹姆斯娶了信仰新教的丹麦的安公主。这对夫妇接连生育了7个孩子,不过他们后来渐行渐远。
1589年8月

● **自由君主的真正法律**
詹姆斯执笔写作了一篇关于国王神圣权力的政治论文,雄辩地指出君主是高于法律的,其只对上帝负责。
1598年

● **大不列颠之王**
詹姆斯一世力推苏格兰和英格兰的正式合并。英格兰议会勉强同意成立一个委员会研究与苏格兰合并的问题,而苏格兰干脆反对这么做,担心苏格兰会被边缘化。尽管议会反对,詹姆斯还是宣布自己为"大不列颠之王"。
1604年10月20日

● **汉普顿宫会议**
在接到要求改革的教会人士呈递的"千人请愿书"后,詹姆斯召开了宗教会议讨论教会情况。詹姆斯利用这次长达3天的会议充分展示了他的滔滔雄辩并达成了一项宗教协定。他只接受了稳健的宗教改革。
1604年1月14日至16日

● **英格兰的詹姆斯一世国王**
伊丽莎白一世在统治国家将近45年后去世。由于生前拒绝指定继承人,她的苏格兰外甥也是最可能的王位继承者,在37岁那年成为了英格兰詹姆斯一世。他不但是一个合格的统治者,还是一位学者。
1603年3月24日

● **"伦敦条约"**
对西班牙的连年征战接近尾声。詹姆斯希望通过扮演调停者来取得一个和平时代。他也因此获得了"和平王"的绰号。
1604年8月

● **火药阴谋**
一群天主教徒试图炸毁议会的阴谋败露了。其中一个密谋者向天主教贵族匿名报信告诉他们不要靠近议会后,搜捕开始了,结果盖伊·福克斯在议会附近的一个装满火药的地下室被发现。密谋者们最终被处以极刑。
1605年11月5日

● **贝茨案宣判**
法官在针对一名商人的司法案件中判决国王有权不经议会批准就对贸易征税。议会对这一判决非常不满,因其对国王可以施加的唯一影响就是控制王室财政。
1606年11月

● **联合遭拒**
负责研究与苏格兰联合的委员会提出了温和的建议,但仍然几乎全数被议会否决。
1607年

● **徒劳议会**
随着皇家债务越积越多,詹姆斯在解散议会4年后首次召开议会。然而在互相怀疑的气氛中,议会没有达成任何决议,詹姆斯气愤地再次解散了议会。
1614年4月

● **伊丽莎白公主嫁给弗雷德里希**
詹姆斯将他的女儿伊丽莎白公主嫁给了新教徒帕拉丁选帝侯,这是他调停欧洲冲突的大谋略的一部分。
1612年5月

● **詹姆斯一世钦定本《圣经》**
作为汉普顿宫会议的成果,《圣经》被译成了英文,由此詹姆斯钦定本《圣经》开始流传。
1611年5月

● **詹姆斯解散议会**
议会讨论"大契约",其主旨是议会给予国王新的收入来源并支付一笔款项付清王室债务,以换取詹姆斯放弃饱受诟病的王室权利。然而在互相指责中,议会最终被解散。
1610年10月

● **美洲殖民地**
英格兰建立了在美洲的第一块永久殖民地。为了表示尊敬,它被命名为詹姆斯敦。
1607年9月

1625

● **三十年战争和重开议会**
当弗雷德里希二世不顾奥地利哈布斯堡家族的反对,接受波西米亚王国的王冠卷入三十年战争并且兵败沙场后,英格兰议会重新召开以讨论武力干涉欧洲所需的经费问题。新教国家和天主教国家之间力量的差距,使欧洲越来越深地陷进战争泥潭中去。
1621年1月

● **查理王子访问西班牙**
詹姆斯的继承人查理在国王的宠臣乔治·维里耶的陪同下访问马德里,笨拙地试图赢得西班牙公主玛丽安娜的芳心,并且使英格兰与天主教国家西班牙结成同盟。詹姆斯希望这一同盟可以强化其作为调停者的地位。但谈判破裂了,查理返回国内,积极主张对西班牙开战。
1623年3月

● **詹姆斯驾崩**
詹姆斯享寿58年,统治苏格兰57年,统治英格兰22年。其子查理继承了他的所有头衔、巨额皇家债务和水平超高的政治家才能驾驭的政治状况。
1625年3月27日

詹姆斯与女巫们

在亲身感受了黑魔法后——也许只是他这么认为——詹姆斯一世国王发起了对巫术的疯狂进攻

"在这个国家,这一时期,令人恐惧地出现了大量令人厌恶的仆人及巫师,这使我(对你们这些尊贵的读者)不得不发出这封信来。接下来的论述绝不是(正如我断言的那样)为了显示我的学识和智慧,而是(出于良心)不得不如此,以尽我所能安抚许多疑惑的心灵。撒旦的这种工具,绝对出现了,而施行这种攻击的人,也应该被施以最严厉的惩罚。"

1597年,在爱丁堡出版的一本巨著的序言中如上开篇,《魔鬼学》因两个原因而与众不同。它是英国曾经出现的最严重的猎巫狂热的产物,同时也是由一个在位的英国君主所作。究竟是什么,促使苏格兰国王亲自发动对黑魔法的进攻呢?似乎有三个原因促使他拿起了自己的笔。第一个同时也是最深刻的原因,是詹姆斯对他个人智慧的充分认可。他是一个天生的学者,好学好辩且博览群书,他对神学尤为痴迷。作为国王和学者,他认为有责任将智慧传授给臣民。第二,他认为自己曾经是1589年一次特殊的恶魔攻击的受害者,这件事对他影响很深。第三,他一直提防着变节与叛国,坚信国王的潜在敌人受到了魔鬼的驱使。

詹姆斯·斯图亚特从1岁起就成了苏格兰国王,他的母亲苏格兰女王玛丽被迫在1567年7月退位。因此,作为一个幼儿,他没有任何榜样去学习。他的成长被托付给了一系列摄政王,而这些人互相征战不断。他受到一群导师的严格教育,其中的领头人是极有天赋却脾气暴躁的长老派人物乔治·布坎南(George Buchanan)。在十几岁的时候,詹姆斯已经掌握了拉丁文、希腊文和法语,彻底研读了《圣经》以及加尔文宗教义,他不容置疑的学术能力,与他对于自己作为统治者的神圣感相得益彰。因而他的观点(正如他相信的那样)不仅有理性的支持,而且有上帝的支持。

人们对巫术的信仰和恐惧植根于民间信仰

▼ 约翰·德·克里茨（John de Critz）在17世纪早期为詹姆斯国王所绘画像

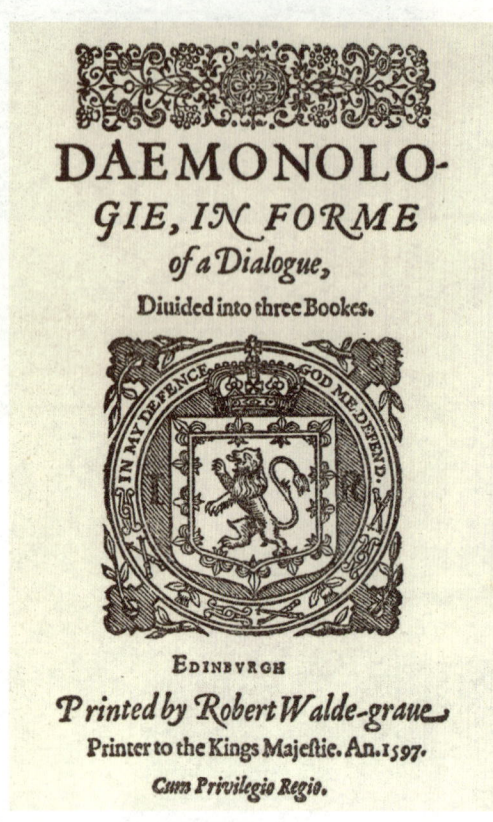

▲ 詹姆斯六世所著《魔鬼学》的扉页

和天主教及新教的神学理论之中。数百年间欧洲人普遍认为，有魔法的指示物通常分为两类：一类是精通草药疗法和施行白魔法的智者，还有一类则转向了恶业及给人带来不幸的黑魔法。而到1480年前后，情况发生了巨大的改变，越来越多的天主教会开始与多种异端进行斗争，改变了对巫术的定义。问题的关注点已经不再是魔法产生的结果是好是坏，而在于巫师们声称其力量来自哪里。教皇英诺森三世圣裁指出，巫师同撒旦及其代理人制订了协议。如果被宗教法庭判定有罪，这些上帝的敌人，将被交给世俗政权予以处决——在欧洲大陆通常是烧死。一本被官方认可

的手册《猎巫手册》出版后，详细地给出了如何辨别巫师，以及应该怎样调查他们（这一过程包括严刑拷打）。通过新发明的印刷机，这本被大量复制的书成了当时的畅销书，到1600年已经再版27次。它对巫术的形容是天主教和新教自从宗教改革之后少有的几个观点一致的话题之一，而这种情况导致的结果是对猎巫的狂热以及上千个受害者被处死，其中大多数是女性。

然而，这种迫害并不是无远弗届：英伦三岛在很大程度上逃脱了这一狂潮，而且《猎巫手册》一书也并未被翻译成英文。这并不是说威斯敏斯特和爱丁堡的政策对此并不关心，猎巫法案于1563年在两个议会都得以通过，而在苏格兰通过的法案更为严厉，将施行巫术和与巫师商谈都列为死刑。然而，在接下来的25年中，却少有人被指控，最终定罪的就更少了。这就是1587年到1591年复杂事件出现时的情况。

詹姆斯的统治依然由于苏格兰贵族内部派系的征伐而岌岌可危。其中最显要的人物是博斯维尔伯爵弗朗西斯·赫伯恩（Francis Hepburn），他是詹姆斯五世的私生子，也是詹姆斯六世母亲苏格兰女王玛丽的继兄。玛丽有很多年都不得不接受伊丽莎白一世女王的"款待"，而且她处于好几个针对英国女王的密谋活动中，最终英国女王不得不在1587年2月被迫将她处死。博斯维尔怒发冲冠，激烈地要求发动复仇战争，但是却十分愤怒地发现詹姆斯六世对此毫无兴趣。

在接下来的一年，博斯维尔伯爵又看到了另一次施行他反英政策的机会：侵略英国不成的西班牙无敌舰队，被迫沿苏格兰海岸北上。詹姆斯任命博斯维尔担任海军大臣，命令他攻击西班牙

主要的路德宗神学家已完全服膺"灵性战争"这一概念。

船只，但是这位伯爵却有其他的主意。他计划谋求菲利浦国王的船只和人员的支持以便对英格兰发动第二次攻击。他的计划需要保有他自己的军队，需要与苏格兰和英格兰两边的天主教贵族结成同盟，以及与马德里保持联系。当这些计划失败时，詹姆斯将领头人送进大牢，但令人惊讶的是，他甚至是带着有勇无谋的宽容，在1589年9月，又对博斯维尔加以重用。毕竟这位国王有更重要的事需要考虑，他马上就要迎娶一位丹麦公主。正是由于他与丹麦国王克里斯蒂安四世的妹妹安公主的婚事，我们的故事将要发生一个奇异的转折，巫术便牵扯其中。

这位15岁的公主从哥本哈根出发，踏上前往爱丁堡的航程。但是严重的风暴迫使她的船队前往挪威海岸寻求庇护。秋季的狂风在这一地区并不罕见，但詹姆斯却认为他受到了阻碍，于是在10月启程亲自去迎接他的新娘。他在丹麦宫廷

▲ 詹姆斯六世的新娘，丹麦的安。画像由一位不知名画家画于17世纪

▲ 女巫被认为是魔鬼的手下

里待了6个月，在那里他沉迷于与王室御用学者及教士们的学术辩论。他遇上的这些人，我们今天会认为是科学与迷信的奇怪组合。当时最优秀的路德宗神学家全身心地相信善与恶之间的"灵性战争"，并且有一套基于《圣经》和《猎巫手册》的详尽的魔鬼学。

对巫术的理解并不只局限于理论。他们认为魔鬼对人类事务的干预，威胁极大，以至于他们无时无刻不在警惕那些与魔鬼订立协议的人。

同时在丹麦宫廷的还有自由思想的哲人科学家，其中最显赫的是皇家占星师第谷·布拉厄（Tycho Brahe），他当时是欧洲研究天体运

▲ 苏格兰詹姆斯六世，即英格兰詹姆斯一世，1621年丹尼尔·迈腾斯画

行的顶尖人物。自认为是学者的詹姆斯，在这些欧洲思想界最顶尖人物的环绕中如鱼得水。他将自己新的见解融入天生的信仰模式中，试图形成一套自己的哲学。他对君权的核心理解是，国王是经上帝之手施行涂油礼的人间代表。因此随之而来的就是，那些反对国王的人，就是在反对上帝，这样一来他们就变成了魔鬼的代理人。这种理论既被用于叛国行为，也被用于巫术审判。詹姆斯现在"清楚地认识到"那场阻止安公主到达苏格兰的风暴就是由那些使用魔鬼力量的人所操纵的，这种观点进一步被他1590年5月返回故乡途中所遭遇的坏天气证实。无法证实他是否主动对巫术巫女采取了措施，但是几周之内，从丹麦传来的消息的确促使他下定了决心。那里的政治状况与苏格兰在几年之前所经历的情况十分相似：互相争吵的贵族们在年幼国王的名义下统治着国家。1590年夏天，首席大臣被他的对手指控犯下了多种罪行，其中包括将安公主送上一条落后的船导致她遭遇危险。而首席大臣却响应称这次海难是由巫师导致的，最终造成许多女性被逮捕，十几位被处死。在酷刑之下，一些女性说了审讯者想听的话。然而，还有一些人——如果记载可信的话——根本不需要任何压力就承认了一些最诡异的行为和她们拥有神秘力量的情况。她们因为被认为天赋异禀而享受了名人般的待遇，她们宣称曾见过撒旦并从他手中获得许可派遣魔鬼登上皇家船只并将其带入灾难。

詹姆斯不需要其他的因素给予他发动猎巫行动的契机，从这时起苏格兰的政治和迷信开始相关。博斯维尔为了预知他的密谋会有怎样的结局，他询问了被认为具有预测未来能力的巫师们，当这一情况被他的对手发现后，那些巫师遭到了逮捕并被审讯，这些人指控博斯维尔伯爵买通他们，让他们使用能力在皇家船队从丹麦返航的途中制造风暴以淹死国王。叛国和恶业一起出现在詹姆斯面前。终于，国王的部队开始追捕已经公开发动叛乱的博斯维尔。尽管多次遭遇阻拦，博斯维尔仍然在1595年逃到了欧洲大陆，并在那里度过了流亡的余生。

与此同时，这一事件引起的更大轰动是，在北伯贝克（North Berwick）举行了巫师聚会审判。詹姆斯参与了一些审讯，听取了主要嫌疑

国王的偶像

他被苏格兰詹姆斯六世国王引为同道之人

詹姆斯几乎无法逃脱为第谷·布拉厄（1546—1601）所折服的宿命。第谷不仅是当时最著名的实验科学家之一，而且是一个性格外向的耀眼人物。为了遮住剑伤，他在鼻子上戴了金属套。他喜欢举办豪华宴会，还在室内养了一只宠物麋鹿。他有一个非常精巧的研究场所，包括一个实验室、一个天文台、一个图书馆，以及一个用以生产天文观测器材的工坊。他曾进行过上千次天体观测和计算，并认为这主要是为了帮助绘制准确的星图。尽管他的研究处于时代尖端，但他却对路德宗的魔鬼学深信不疑。詹姆斯一定对这样一位知识大咖和他在很多观点上不谋而合而十分高兴。

▲ 第谷·布拉厄的天文台曾接待多位学者

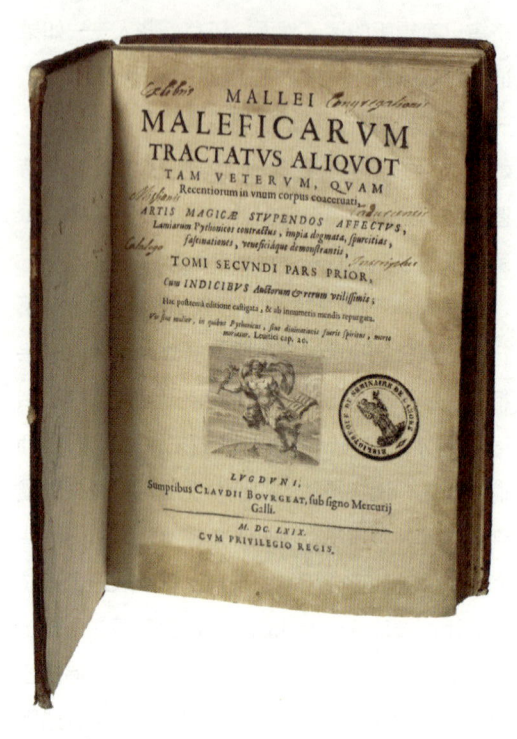

▲ 这是《女巫之锤》在17世纪的一个版本，详细介绍了如何辨别和调查女巫

人对他们和黑王子聚会的情况。他们声称撒旦已经在北伯贝克的老教堂（Auld Kirk）建立了宫廷，身披黑色长袍、头戴高高的黑帽讲道。撒旦鸟喙一般的鼻子和通红的双眼，使他看起来非常恐怖，他的200个仆人群聚于此，其中一些从天而降，他们都热切地等待他的命令。詹姆斯一开始对以上这些都表示怀疑，但是据一份当时的报道所说，一位主要嫌疑人阿格尼斯·桑普森（Agnes Sampson）对他说出了国王和王后在挪威奥斯陆新婚之夜所说的原话，以及他们之间的问答。对此国王感到非常惊讶，他对上帝发誓，他相信即使是地狱中的全部魔鬼，也不可能知道这些事情，这令她的话更加可信，也令国王更加相信她其余的话……

詹姆斯可能还受到了那些令人讨喜的政言的影响，据被指控的人讲，这些话是撒旦亲口所言。当被问及为什么他对国王的伤害至今为止都

毫无效果时，这位大魔王回答道："他是上帝的人。他不会故意犯错，只会倾向于一切神圣、正义和美德的行为。"这直接戳中了詹姆斯对于君权神授的信念——没有什么证据能够比来自上帝最主要敌人的证言更有力了。

对于那些最初嫌疑人所受到的无法用语言形容的酷刑，其中很多人是根据1563年的法案"揭发"的其他犯罪者。被抓的人变成告密者，以试图讨好审讯人员，这样一来，被抓的人就像涟漪一样从中央扩散开来，直到100人最终深陷囹圄。尽管这些案件激起了很多恐惧，但有趣的是陪审团并不是很快达成了有罪判决。而同样有趣的是，当一个女巫被无罪释放时国王的愤怒反应。因为叛国和巫术在他的脑海中已经密不可分，因此这样宽容的判决无异于大逆不道。他向那些"被误导"的陪审员指出，他差点被魔鬼的仆从害死，他宣布会继续反对魔鬼，他的著作中充斥着：

> ……因为有我的命你们才享受和平国家的好……正如我已经开始的那样，我提出如下建议，并不因为我是詹姆斯·斯图亚特，我可以驱使上万的人，而是因为，上帝命我成为国王和进行公正审判的法官……

诚如他所言，詹姆斯在1597年对他的臣民推出了他在巫术方面的进一步思考——一本名叫《魔鬼学》的小册子。对现代读者来说，这本书也许看起来气质独特，但它仅仅是契合了当时的环境。在《魔鬼学》出版十年之前，一位佚名的德国作家就已经写出了一本警世预言《乔纳森·浮士德博士的预言》，这本书是关于一位学者和魔鬼订立协议的故事。另外大约在《魔鬼学》出版的同时，克里斯托弗·马洛（Christopher Marlowe）把这本著作改编成了一出戏剧《浮士德博士的悲剧性人生和死亡》。然而，并不是所有人都被猎巫狂热所感染。詹姆

斯的最主要目标是雷金纳德·斯科特（Reginald Scot），一位朴实的肯特乡绅，他在1584年试图在他的著作《巫术的发现》中探寻魔法的概念。

通过对话，詹姆斯在他对精神世界的神圣战役的探讨中，利用了《圣经》和民间故事。但是他的主要兴趣还是在巫师身上，比如如何辨别他们以及如何消灭他们，他还对治安法官提出了如下警告：

  ……当上帝命你出手的时候，心慈手软饶恕这种对上帝极为恶毒的罪行和背叛，是非法的，而且治安法官无疑也是有罪的……

1603年，伊丽莎白一世去世之际，英国王冠被交给了詹姆斯，他变成了两个王国的君主。从那之后，许多更有趣、更令人兴奋的机会摆在了他的面前，于是他逐渐放弃了对巫师的迫害。1606年，莎士比亚的《麦克白》在汉普顿宫演出，以便向詹姆斯国王的苏格兰血统致敬，同时，也是对他向魔鬼行为发动的攻势表示赞同。故事开始时，3位女巫被介绍给观众，詹姆斯不可能没有发觉对话中的某些特定所指。当几位老妪讨论她们该如何袭击一艘驶往阿勒颇（Aleppo）船只的船长时：

  二号女巫：我会给你一阵风。
  三号女巫：我再来一阵。
  一号女巫：剩下的都交给我。
  从那起风之港，将他榨枯如干草。
  撑他眼帘，使其昼夜不得眠……
  一周七晚，使他疲乏九周连，
  即使孤舟未曾翻，也难免风暴摧残……

▲ 这一幕描绘了莎士比亚《麦克白》中3个女巫的形象，此戏剧是基于詹姆斯六世的亲身经历而改编的

▲ 盖伊·福克斯与火药阴谋的牵连

火药阴谋

每个人都记得11月5日，但那些策划火药谋杀案的人的真实故事却常常被遗忘

当伊丽莎白一世女王在她44年漫长的统治中咽下最后一口气时，全英国的天主教徒都松了一口气。在伊丽莎白统治下的生活并不容易。也许是为了报复她的姐姐、虔诚的天主教女王玛丽的残暴统治，伊丽莎白推出了一系列法案来沉重打击天主教徒。她极可能惧怕天主教徒，这是有理由的，因为教皇诏令宣称天主教徒不是忠于国王，而是忠于上帝。英国的每一个天主教徒被打上了叛徒的烙印。仅仅作为一名天主教徒，甚至庇护天主教徒，不仅是非法的，而且类似于叛国罪。天主教徒被吓坏了，为忠于自己的信仰，他们被迫转入地下，但仍有约130名神父被处决。随着女王年事渐高，许多在她统治下深受苦难的人开始希望有一个更同情他们困境的继任者。

考虑到这其中的利害关系，王位的交接非常顺利。詹姆斯一世是亨利七世的玄孙，虽然他是新教徒，但他的母亲是虔诚的天主教徒。对于挣

▲ 1月30日，4名策划者被杀，其余4人在第二天被处决

扎中的天主教徒来说，詹姆斯国王早期放宽罚款的法令非常鼓舞人心。然而，这种喜悦很快就变味儿了。意识到罚金是如何填满国库之后，詹姆斯重新设置了罚金并开始公开谴责天主教信仰。许多天主教徒的希望破灭了，对于一些人来说，这是压垮他们的最后一根稻草。

罗伯特·凯茨比（Robert Catesby）是英国反天主教热潮的最大受害者之一。他家族显赫，可追溯至理查三世（Richard III）的亲信顾问威廉·凯茨比（William Catesby）。他的一生都在旁观自己家族的财富被严厉的罚款侵蚀殆尽。当凯茨比只有8岁的时候，他目睹了他的父亲因藏匿一名神父被捕并受审。在他剩下的年轻岁月里，他父亲时常进出监狱。凯茨比身材高大，相貌英俊，极具天赋，却被迫辍学，为获学位，他必须宣誓效忠女王和英国国教。新教君主的统治夺走了凯茨比人生的一切：他的童年，他的父亲，他的财富和他的未来。

凯茨比不仅相貌英俊，而且为人慷慨、和蔼可亲，他因而结交了一大帮有权势的朋友。他对天主教信仰的忠诚已不是秘密，而且他曾参加过一次叛乱。1596年伊丽莎白女王患病时，凯

天主教的罪与罚

在新教君主的统治下，
天主教徒的生活绝不轻松

罪恶	惩罚
没有参加新教仪式	起初罚款12先令，后来提高到每月20英镑
参加私人天主弥撒	监禁
不缴纳罚款	监禁
未经许可在国外逃亡超过6个月	没收土地和所有货物的利润
成为天主教神父	死刑
拒绝承认君主为教会领袖	监禁和死刑
劝说任何人加入天主教会	死刑

茨比被捕，仅仅是因为政府担心他会趁机组织起义。凯茨比的经历代表了当时所有天主教徒的生活：他是天主教斗争的心脏，他颇具影响力，可以为天主教出力。

凯茨比有了一个计划。杀死国王还不够：伊丽莎白之死证明了君主的死亡并不能保证情况一定有变化。现状对他不利，所以需要改变现状。为此，他需要把现状炸成碎片。1604年2月，凯茨比邀请托马斯·温特（Thomas Wintour）和约翰·怀特（John Wright）到他家做客。凯茨比的表亲温特也感受到了反天主教的刺痛，因为他的叔叔曾作为神父而被处决。怀特是凯茨比的老朋友，曾参加过反伊丽莎白的叛乱。在位于兰伯斯（Lambeth）的家中，凯茨比透露了他的宏伟计划——他将在上议院开会时将场地炸毁以重振天主教。当时不仅有国王在场，还有这片土地上最强大的新教徒。这次攻击将产生权力真空，天主教徒将准备好填补这一真空。

可以理解的是，温特震惊于他表亲的计划。他很快意识到，如果失败，他们的事业将前功尽弃。凯茨比答道："沉疴需用猛药。"他进行了一次慷慨激昂的演讲，称自己的事业是正义的，

1 托马斯·贝茨 1567—1606
角色：凯茨比的仆人

贝茨出生在沃里克郡，是凯茨比的仆人，被认为是一个勤劳忠诚的人。由于他与凯茨比的亲密接触，他开始怀疑凯茨比的不寻常行为，并被邀请参与阴谋。他成了一个有用的帮凶——作为一个普通人，他可以做很多事情而不引起怀疑。

2 罗伯特·温特 1568—1606
角色：财政支持

作为温特的长兄，罗伯特继承了父亲的大部分财产，包括哈丁顿宫（Huddington Court）。通过婚姻，罗伯特与一个强大的天主教家庭结盟，他的家成了神父们的避难所。

3 克里斯托弗·怀特 1570—1605
角色：同谋者

克里斯托弗是怀特兄弟中较小的那个，据说比约翰更高、更胖、更英俊。他是个低调谨慎的人，自从皈依天主教后，他就完全忠于天主教信仰，并与他的兄弟和凯茨比一样参与了叛乱。

4 约翰·怀特 1568—1605
角色：最初同谋者

约翰是怀特兄弟中年长的一个，他是盖伊·福克斯的同学，曾因参与叛乱而入狱。他以勇敢、忠诚和娴熟的剑客而闻名，后来皈依天主教，并与凯茨比建立了联系。

5 托马斯·珀西 1560—1605
角色：后勤

珀西青年时期有一个放荡不羁的名声，他可能在一次小冲突中抛弃了他的妻子和杀死了一个苏格兰人。珀西皈依了天主教，这有助于阻止他的一些更叛逆的行为，并把他炽热的天性引导到改善英格兰的天主教事业上。

6 盖伊·福克斯 1570—1606
角色：炸药专家

福克斯出生在约克郡，很小的时候就失去了父亲，当他的母亲嫁给了一名天主教徒后，他改信了天主教。他在八十年战争中为西班牙而战，并采用了他名字的意大利形式"圭多"。他强烈反对詹姆斯一世，称他和整个苏格兰都是异教徒。

7 罗伯特·凯茨比 1573—1605
角色：领导者

罗伯特·凯茨比是威廉·凯茨比爵士唯一幸存的儿子，在参加了一场企图篡夺女王王位的叛乱后，他获得了同情天主教的名声。为了夺回天主教的权力，凯茨比策划了一个阴谋，这个阴谋只需要少数信得过人的合作，但却能够摧毁英格兰的新教势力。

8 托马斯·温特 1571—1606
角色：最初的同谋者

托马斯·温特聪明机智，受过良好教育。他反对信奉天主教的西班牙，但他很快就改变了，成为了一名忠实的天主教徒。托马斯前往西班牙寻求支持，这也被定为"叛逃西班牙罪"，但失败使他被迫采取了其他更极端的方法。

现状需要改变。为此，他要把它炸成碎片。

并表示议会是完美的目标，因为"那个地方已经做尽了坏事"。凯茨比天生的魅力很快赢得了他表亲的支持，后者向这位充满激情的领袖发誓效忠并献出生命。凯茨比招募了他的第一批同谋者，随后还会有更多的人加入。为了寻求信奉天主教的西班牙的支持，温特前往佛兰德斯（Flanders）。他努力争取西班牙的支持，并在那里找到了命中注定要成为火药阴谋的代表人物——盖伊·福克斯（Guy Fawkes）。福克斯在八十年战争中为西班牙而战，这表明了他对天主教的忠诚，并试图在西班牙争取支持。他身材高大，体格健壮，一头浓密的棕红色头发，而且他意志坚定，干劲十足，精于一切战争事务。福克斯还有一项才能特别吸引凯茨比——对火药的熟悉和了解。

当这群人在鸭子和德雷克酒馆会面时，他们招揽了另一个同谋者，凯茨比的朋友托马斯·珀西（Thomas Percy）。珀西是出了名的放荡、叛逆青年。为了宗教信仰，他曾试图与詹姆斯一世建立牢固的关系，但现在却感到了背叛的痛苦。这5个充满激情却又蒙受冤屈的男人在天主教的藏身之处碰面，凯茨比概述了计划。珀西的支持几乎是理所当然的，他宣布："先生们，我们要永远纸上谈兵吗？"或是被神秘领袖所影响，或是被自身对新教徒的仇恨所影响，5人拿着《圣经》发誓保密，然后从一个秘密举行弥撒的神父那里领受圣餐，他们弑君的策划无人知晓。

第一批同谋者就位后，凯茨比立即采取行动。由于瘟疫，议会的开幕被推迟到次年11月5日。这给了他充足的时间来准备一切。起初，凯茨比认为，在上议院地下获取火药的最佳方法是挖一条隧道，但他们很快意识到，更安全的方法是租一间地下的储藏室。幸运的是，珀西在伦敦有生意，所以他可以很容易地租到一间储藏室而不会引起怀疑。炸药专家盖伊·福克斯假扮成珀西的仆人约翰·约翰逊，并被安置在房子里。阴谋者们把火药存放在凯茨比家中，然后在夜幕的掩护下慢慢地把它们运到泰晤士河对岸的住所。

渐渐地，越来越多的人加入了这场阴谋，因为事实证明，单凭5个人是不可能完成这项宏伟计划的。凯茨比的仆人贝茨开始起了疑心，他的主人别无选择，只好招募他。罗伯特·凯斯、罗伯特·温特、约翰·格兰特和克里斯托弗·怀特也都入选。他们不仅都是虔诚的天主教徒，而且很多人都拥有大笔的财富和庄园，这肯定会对这项事业有帮助。私下里，凯茨比却忧心忡忡。他不是一个出于盲目报复动机的恐怖分子，他是一个有道德和宗教信仰的人，他想确定他所做的是正确的。在良心的挣扎中，他反复拜访两位神父——亨利·加尼特（Henry Garnet）和奥斯瓦尔德·特西蒙德（Oswald Tesimond）。加尼特神父确信国王有罪，但他担心无辜的人们会

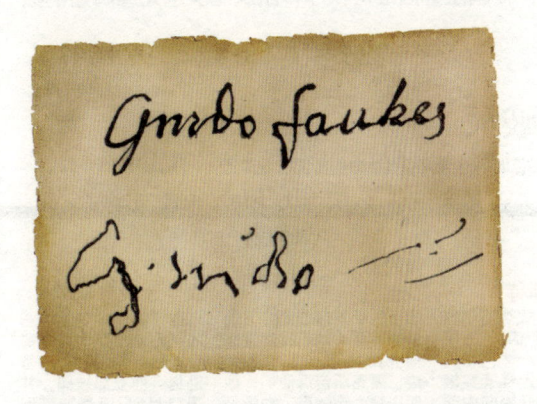

▲ 酷刑前盖伊·福克斯的签名(上)，酷刑后盖伊·福克斯的签名(下)

▲ 詹姆斯一世形容盖伊·福克斯拥有"罗马的决心"

不可避免地在爆炸中丧生。凯茨比问神父这样做是否可以得到原谅：为了更大的利益而杀害无辜的人？由于按规定不能透露忏悔的内容，所以加尼特神父不能告诉任何人凯茨比的阴谋，但加尼特试图劝阻他不要这样做。

凯茨比不顾神父的警告，继续把火药带进仓库。他也开始谋划他们计划的第二部分。为了在国王死后维持秩序，凯茨比决定让詹姆斯的孩子伊丽莎白公主成为继承人。在她只有8岁的时候，他就相信她可以被塑造成他们所期望的有名无实的领袖。伊丽莎白也不在伦敦，而是在考文垂（Coventry）附近的库姆修道院（Coombe Abbey）。为了确保最后阶段的计划顺利进行，凯茨比招募了他的最后3个同谋：安布罗斯·卢克伍德（Ambrose Rookwood）、埃弗拉德·迪格比（Everard Digby）和弗朗西斯·特

阴谋破灭

当阴谋被揭露时，这些人抱着革命的希望各行其是

11月4日

● 晚上
威斯敏斯特
尽管发现蒙蒂格尔收到了警告信，凯茨比、约翰·怀特和贝茨还是决定继续实施阴谋，并开始向中部地区进发。

● 晚上
议会地下室
国王的手下搜查议会下面的地下室。他们偶然发现福克斯站在一堆木头旁边，福克斯告诉他们，他叫约翰·约翰逊，为托马斯·珀西工作。

● 深夜
议会地下室
在国王的命令下，这些人回到地下室，发现福克斯已穿戴整齐，准备逃跑。他立即被捕，并于11月5日凌晨被带到国王那里。

11月5日

● 早上
威斯敏斯特
克里斯托弗·怀特得知了阴谋被发现的消息，急忙跑到鸭子和德雷克旅馆去通知托马斯·温特。温特警告那些还在伦敦的人——珀西、凯斯和卢克伍德。

● 中午
米尔顿凯恩斯附近
卢克伍德狂奔了两个小时，成功地追上了凯茨比和其他人，并警告他们阴谋的失败和福克斯的被捕。他们决定继续前往敦彻奇。

● 下午6点
艾希比圣莱杰斯
6个逃跑的同谋者遇到了罗伯特·温特，然后继续前进，又遇到了迪格比，他由一个狩猎队陪同。他们继续向西到达沃里克。

· 46 ·

雷瑟姆（Francis Tresham）。

到了10月，一切都准备就绪。福克斯将留在伦敦点燃导火索，然后离开伦敦前往欧洲争取支持。同时，疯狂随之而来，中部地区爆发了叛乱，伊丽莎白被俘。凯茨比似乎已从先前的担忧中恢复过来，但他的同伙却不然。在议会里，相当多人的朋友信仰天主教。10月26日晚些时候，一封信被送到了其中一位天主教徒的家里：蒙蒂格尔勋爵（Lord Monteagle），他年轻时曾亲自参与过相当多的天主教阴谋活动。信的内容令人震惊。信中警告他不要参加11月5日的议会，因为"他们将在这个议会中受到沉重的打击"。他非常清楚这一威胁的严重性，于是又向索尔兹伯里伯爵（the Earl of Salisbury）发出了警告。

这封信的消息很快传到了凯茨比的耳朵里，特雷瑟姆立刻被怀疑了，因为蒙蒂格尔是他的姐夫。凯茨比和托马斯·温特愤怒地指责特雷瑟姆的愚蠢行为，并威胁说要绞死他，但他最终说服了这位脾气暴躁的领导人，让对方相信自己是无辜的。然而，凯茨比不愿听从特雷瑟姆放弃阴谋的请求——卡斯特太忠诚了。计划会按期进行的。

与此同时，国王已经知道了那封神秘的信。与他的许多顾问不同，他非常认真地对待这个警告。然而，他决定等待时机，直到那天晚上，

11月6日
●早上
沃里克城堡
凯茨比和他的手下突袭了城堡，为他们认为的即将到来的战斗武装自己，然后在诺布鲁克拿了更多的武器。

●下午
哈丁顿
阴谋者抵达哈丁顿，与托马斯·温特会面。尽管凯茨比希望，却没有人愿意与他们结盟，他们被迫单打独斗。

●晚上
伦敦
最高法院首席法官询问了卢克伍德的仆人，并发现了几名涉案人员的身份，包括凯茨比、卢克伍德和温特。

●晚上
伦敦塔
由于盖伊·福克斯的决心仍然坚定，詹姆斯允许使用酷刑来使他吐真言。詹姆斯命令先使用"温和的酷刑"。

11月7日
●晚上
伦敦塔
在经受拷问的恐怖之后，盖伊·福克斯终于坦白了阴谋的细节以及同伙的名字。

●晚上
霍尔比奇庄园
逃亡者到达了霍尔比奇庄园。他们把潮湿的火药撒在火前，许多人引火上身。有些人选择离开。

11月8日
早上●
霍尔比奇庄园
伍斯特郡治安官率领200人包围了霍尔比奇庄园。在枪战中，凯茨比、珀西和莱特兄弟被杀。其他人被逮捕。

·47·

杀国王太过分了，甚至他的天主教徒也抛弃了他。

看看阴谋者是否会执行他们所言之阴谋。11月4日黎明时分，国王和凯茨比立即行动起来。凯茨比、约翰·怀特和贝茨前往中部地区开始第二部分的计划，而福克斯则在为他的关键部分做准备。

国王也在准备。詹姆斯的手下搜查了议会周围所有建筑，寻找任何可疑的迹象。在一次搜查中，他们在地窖里偶然发现了福克斯。他打扮成一个侍从，站在一大堆可疑的柴火前。他解释说，他是珀西的仆人，不过显得有些走投无路。他们担心而又不愿惹怒他，就离开了，并将发现报告给国王。詹姆斯一听到珀西的名字，就产生了怀疑，他下令再次搜查地窖，以证实这个仆人的存在。

当人们回来时，福克斯还在那里。他戴着帽子，披着斗篷，穿着马刺，准备迅速逃离，但他仍被逮捕并接受了搜查。他坚持说自己的名字是约翰·约翰逊，但他们在他身上发现了火柴和木板。国王的手下检查了柴火，发现了36桶火药，足以把议会场所炸上天。

现在一切都靠福克斯了。显而易见，阴谋失败了，但如果他坚持得足够久，还是可以挽救他朋友的生命的。在福克斯被审问的过程中，面对几乎必然的死亡，他表现出了非凡的勇气。他

▲ 霍尔比奇庄园的人在被送进监狱之前被剥去了衣服、夺走了财产

▲ 被捕后，福克斯被囚禁在伦敦塔内

坚持自己的说法，说他确实是约翰·约翰逊。然而，他丝毫没有否认自己的意图，宣称这是他摧毁国王和议会的计划。当被问及他同伙的名字时，他坚持说他是单独行动的。福克斯的坚韧给詹姆斯留下了深刻印象，但他需要同谋者的名单，如果酷刑能让福克斯松口，那就这样做吧。福克斯被捕的消息很快传到了另一个人的耳朵里。被捕后，福克斯被关进了监狱。那些留在伦敦的人逃走了。珀西意识到他的名字将与罪行联系在一起，宣布："我完蛋了！"卢克伍德是个出色的骑手，他狂怒地朝凯茨比的方向骑去想警告凯茨比。难以置信，他在两个小时内竟骑了30英里。他上气不接下气地来到凯茨比身边，告诉凯茨比阴谋已经被发现了。

凯茨比崩溃了。他把一切都投入了这场革命，不顾一切地抓住他能抓住的任何希望。他宣称他仍能为武装起义争取到足够的支持。他知道愤愤不平的天主教徒可以发动起义，不管怎样，他都会发动叛乱的。阴谋者们本可以离开的，他们有足够的时间逃离英格兰，但他们对热情领袖的承诺和对事业的信念如此坚定，所以他们留在了他的身边。

他们继续向中部地区挺进，但凯茨比承诺的支援并没有到位。有关这个叛国阴谋的消息很快就传遍了全国，比他们行进的速度还快。凯茨比对形势的判断大错特错。杀国王太过分了，以至于他的教友们也抛弃了他。当他们终于到达斯塔福德郡（Staffordshire）霍尔比奇庄园（Holbeach House）的避难所时，他们悲痛欲绝且垂头丧气，他们在火堆前撒上火药，把火药

火药阴谋

这个阴谋真的是关于国家的阴谋吗？

谜案

在某种程度上，围绕这一阴谋的许多怀疑都与索尔兹伯里伯爵的角色有关。蒙蒂格尔收到这封信后，提醒他的是索尔兹伯里。他的古怪行为让很多人开始思考，他是否比他所表现出来的更了解阴谋。首先，他没能立即把这个阴谋告诉外出打猎多日未归的国王。事实上，索尔兹伯里在收到这封信之前就已经参与了阴谋，因为他知道有人在策划一些事情。在国王得知这封信后，索尔兹伯里完全否认了这一说法，并允许国王全权负责。这或许是一出聪明的政治把戏，或许也暗示了更多。

动机

挫败阴谋使国王大为受益。出于对国王的好感，议会为国王提供了高得惊人的补贴，而这一切都归功于索尔兹伯里。作为一个雄心勃勃的人，索尔兹伯里巧妙地利用这一局面来讨好国王，并允许国王引入更多的反天主教立法。索尔兹伯里的反天主教情绪远远超过了国王的情绪，他希望英国彻底摆脱天主教。

他的参与

阴谋论者总结，整个阴谋可能是索尔兹伯里自己设计的，针对已知的天主教煽动者和蒙蒂格尔写了这封信。另一些人则认为，索尔兹伯里并不是捏造了这个阴谋，而是早于信中揭露之前就已渗透入阴谋，并且让它继续下去，因为他知道他以后可以用它来点燃反天主教的火焰。

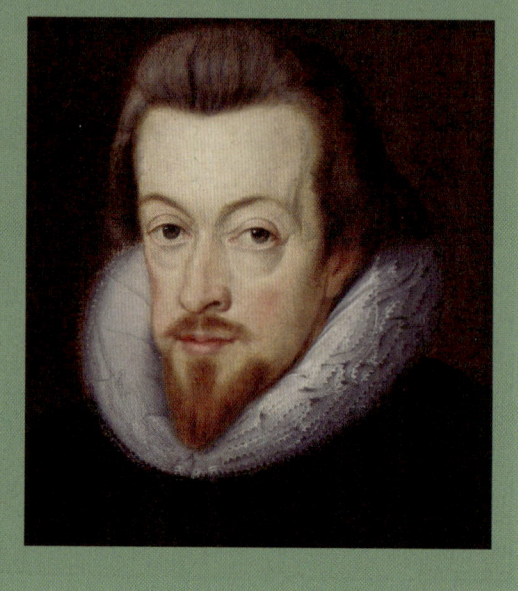

证据

这里的主要证据是阴谋者进行阴谋的容易程度。在一个火药被政府严格控制的国家，他们能得到36桶火药并将其储存在议会大厦下是非常困难的。然而，由于缺乏其他证据，这无法被证实。更有可能的结论是，索尔兹伯里是一个思维敏捷的机会主义者，他在发现真相后，充分利用了当时的形势。

摊开，火花点燃了火药，凯茨比、卢克伍德和格兰特被吞没在了火焰中。

与此同时，在伦敦，国王的手下正在粉碎福克斯钢铁般的决心。他被戴上手铐倒挂在墙上，很可能是因为被绑在架子上，他的四肢脱臼了。11月7日，福克斯剩下的决心已经瓦解。精疲力竭的他坦白了阴谋的细节和所有同谋者的名字。

凯茨比还活着，但对一些人来说，爆炸是一个可怕的景象，他们对领袖的忠诚终于消退了。渐渐地，这个组织开始分崩离析。迪格比前往当局，贝茨、利特尔顿和罗伯特·温特也出逃。最后，剩下的只有凯茨比、珀西、托马斯·温特、怀特兄弟、受伤的卢克伍德和被大火弄瞎了眼睛的格兰特。当200名政府武装人员在11月8日突袭这群人时，他们痛苦不堪，身无分文，且毫无希望。

这场战斗是短暂的：温特先中枪，怀特兄弟和卢克伍德紧随其后。凯茨比和珀西设法把满腔热情的最后余烬都召集起来，一起在门口做了最后的抵抗。当他们倒下的时候，就像一个人被一颗子弹击中那样。在死亡和流血的边缘，凯茨比用尽他最后的力量拖着自己来到一张圣母玛利亚的照片前，把它抱在怀里，咽气了。

▲ 有关阴谋的消息一传开，人们就点起了篝火来庆祝国王的幸存

审判还没开始，判决就已成定局。

福克斯的遗产

火药阴谋和篝火之间的联系几乎是立即建立起来的。11月5日，当福克斯还在受审时，伦敦周围的人们燃起篝火庆祝他们的君主成功逃过一劫。随着消息的传播，火红的柴堆遍布全国，并即刻成为传统的一部分。国王颁布了一项法案，宣布所有他的人民必须参加感恩节仪式来庆祝他的幸存。这个一年一度的纪念活动一直持续到1859年，巩固了国民记忆中对火药阴谋案的印象。即使在1647年，所有的节日都遭废除时，11月5日的庆祝活动仍然存在。在18世纪，篝火之夜呈现出一种新的形式，人们将焚烧肖像视为一种普遍的反天主教活动。随着福克斯与阴谋的联系越来越紧密，人们开始焚烧福克斯的肖像，这一传统一直延续到今天，但宗教的意味几乎消失了。

剩下的人被围捕、拘留并投入监狱。在严刑逼供的威胁下，所有人都承认参与了阴谋。审判还没开始，判决就已成定局。这些人被列队示众，遭到愤怒观众的嘲笑。阴谋家们没有辩解的余地，只能发出怜悯的请求。卢克伍德特地对所有人说，"他既不是演员也不是作家"，却演绎了对领袖凯茨比，这个"他所爱高于任何世俗之人的男人"的盲目奉献。

人们并不关心领袖的魅力。这帮人被判叛国罪，在寒风料峭的1月30日面临惩罚。凯茨比和珀西被斩首，他们的头颅作为一种骇人的警告而被展示。

计划遭到了灾难性的失败，几乎以一场彻底的悲剧收场，且对英国天主教徒的生活毫无帮助。尽管詹姆斯很快明确表示，他并没有责怪本国的所有天主教徒，但针对他们的严厉法律迅速得以实施。

真正的天主教解放运动要再过200年才会出现，而在那之前为之策划、战斗和牺牲的人将只会在传说和诗歌中活着。

查理虽然在英格兰度过了大部分时间,但他出生于苏格兰,说话总是带着轻微的苏格兰口音。

介绍

查理一世

这位充满争议的国王与英格兰议会著名的冲突，导致英国内战以及他本人的残酷结局

时间线

1600

● **出生于苏格兰**
查理出生于邓弗姆林宫（Dunfermline Palace），是苏格兰詹姆斯六世和丹麦的安妮的第三个孩子。他在洗礼时被封为奥尔巴尼公爵（duke of Albany），而他的哥哥亨利是苏格兰王位的继承人。
1600年11月19日

● **斯图亚特家族继承英格兰**
都铎王朝最后一任的伊丽莎白一世去世后，詹姆斯六世成为英格兰的詹姆斯一世。查理举家移居英格兰。1605年，查理被封为约克公爵（duke of York）。
1603年—1605年

● **亨利·弗雷德里克王子之死**
查理的哥哥，苏格兰和英格兰王位的继承人在18岁时死于伤寒。许多人将亨利·弗雷德里克（Henry Frederick）视作新教的未来拥护者，并期待着他的统治。
1612年11月6日

● **与西班牙联姻**
查理和白金汉（Buckingham）公爵隐姓埋名到西班牙试图与公主缔结政治婚姻。然而，西班牙人实际上扣押了查理和白金汉作为人质，导致他们空手而归。
1623年2月—10月

● **议会解散**
议会试图增加自己的权势时，查理通过解散议会来加剧与议会的紧张关系。在接下来的11年里，他独断统治，保皇党称之为"个人专权"，议会称之为"11年暴政"。
1629年3月10日

● **暗杀白金汉公爵**
白金汉是查理的挚爱，一位有权势但不受欢迎的政治家。当一名心怀不满的士兵暗杀他时，公众欢欣鼓舞，国王却伤心欲绝。
1628年8月23日

● **有争议的婚姻**
查理和法国的亨丽埃塔·玛丽亚公主结婚，她是罗马天主教徒，因此在信奉新教的英格兰和苏格兰并不受欢迎。尽管开始时不尽顺利，但这对情侣还是很恩爱。
1625年5月1日

● **加入三国**
詹姆斯一世去世，查理成为英格兰、苏格兰和爱尔兰的国王，但他的加冕典礼是不同寻常的：他的王后亨丽埃塔·玛丽亚（Henrietta Maria）是天主教徒，因此不允许参加加冕礼；因为没有合适的衣服，国王的服饰以白色替代了紫色。
1625年3月27日

● **继承人的诞生**
查理，即康沃尔和罗思赛公爵（Duke of Cornwall and Rothesay），是国王第一个在婴儿阶段幸存的儿子，后来成为查理二世。查理一世和亨丽埃塔·玛丽亚最终有9个孩子，包括后来的詹姆斯二世和七世。
1630年5月29日

● **主教战争**
查理试图强迫加尔文派苏格兰长老会接受英国国教的礼拜方式。苏格兰人订立了"契约"来抵制这种改变，并与他进行了两次短暂但成功的战争，即所谓的主教战争。
1639—1640年

● **长期议会**
在苏格兰遭遇灾难后，查理召回议会征款。当议会提出他认为不合理的要求时，局势再次紧张。他带领军队逮捕了5名领导人，但议会的人已经离去。议会占领伦敦，查理逃跑。
1640—1642年

● **处决斯特拉福德伯爵**
斯特拉福德是查理的主要顾问之一，也是王权统治议会的坚定拥护者，但议会判处他死刑。查理被迫签署了他朋友的死刑令，这是议会所做的他永远不能原谅的行为。
1641年5月12日

● **囚禁**
查理被议会囚禁，他趁机制造了议会和苏格兰之间的分裂。1647年12月，他劝说苏格兰人入侵英格兰，导致了第二次内战爆发。
1647—1648年

● **马斯顿（Marston）荒原和纳斯比（Naseby）战役**
议会指挥官托马斯·费尔法克斯（Thomas Fairfax）爵士和奥利弗·克伦威尔（Oliver Cromwell）在马斯顿荒原和纳斯比战役中击败了查理。其后结束了第一次内战。
1644年7月2日与1645年6月14日

● **第一次英国内战**
这场冲突以查尔斯的失败而告终。英国议会提前拿下伦敦，一系列胜利使天平向有利于他们的方向倾斜。查理向苏格兰投降，但苏格兰人把他出卖给了议会。
1642—1646年

● **内战爆发**
当查尔斯在诺丁汉（Nottingham）举起王室旗帜反对议会时，英国内战正式开始。在艾芝西尔（Edgehill）的第一次大战以僵局告终。
1642年8月22日

● **爱尔兰的反抗**
大量爱尔兰人奋起反抗新教移民。这激怒了议会，使其与查理的关系更加紧张。
1641年10月—1642年5月

1649

● **英国第二次内战**
苏格兰人入侵英格兰，英格兰和威尔士爆发起义。然而，新模范军迅速为议会赢得了这场战争。大多数议员希望继续与查理协商，但他的日子不多了。
1648年

● **骄傲的清洗**
战争结束后，托马斯·普赖德（Thomas Pride）上校逮捕或排除了议会中希望与查理协商的人。
1648年12月6日

● **国王受审**
由于查理挑起战争，国王不再受议会的信任，议会以叛国罪起诉他。他被判有罪并处死刑。
1649年1月20日和26日

● **国王的处决**
查理被处死的那天寒冷刺骨，但国王表现出了极大的勇气和尊严。在斧子落下前，他饶恕了刽子手。
1649年1月30日

国王对议会

在这片土地上最有权势的查理一世国王对于"君权神授"的顽固信仰最终导致他的垮台。

作者：德里克·威尔逊

考虑到17世纪的宪法危机，我们需要清楚两个事实："英国内战"实际上涉及不列颠群岛的所有部分，宗教和政治在这场冲突中有着不可分割的联系。

1603年，苏格兰国王詹姆斯受议会邀请抵达英格兰，坐上因伊丽莎白一世去世而空出的王位。他统治着这两个王国，在英格兰是詹姆斯一世，在苏格兰是詹姆斯六世。每个国家都有自己的议会。1625年，原继承人亨利王子去世后，他的小儿子查理一世继承王位。那时的爱尔兰是一个躁动不安的国家，严格地说，它隶属于英国王国，由英格兰和苏格兰控制议会在都柏林进行统治。

查理一世热情地坚信君权神授，认为自己是由上帝指定的代理人统治着这三个国家，他的意志不容置疑。从理论上讲，各方都接受了这一点，他们把主权视为国家统一的焦点。然而，自《大宪章》以来，早期富有和强大的阶级成员一

> 越来越多的政治阶层认为主权应由国王和议会共享。

▲ 查理·兰西尔的历史绘画描绘了查理一世（佩蓝色腰带）在艾芝西尔之战前夕的情景

▲ 奥利弗·克伦威尔在马斯顿荒原和纳斯比取得关键性胜利

船税

一个勇敢的议会议员是如何拒绝国王并最终改变英国法律的

在战争时期，国王有权要求沿海城镇为军事目的提供船只，或者为建造船只捐钱。1620年，查理一世在三方面滥用了这一制度：他在和平时期征收船税，把它强加给英国所有郡县，并没有将所得款项用于造船。这引起了广泛不满，查理放弃了未经议会同意的征税计划。

然而，1634年，国王重新开始征税，几位高级法官支持这一主张，认为船税属于特权收入。考验发生在1637年，白金汉郡绅士兼议会议员约翰·汉普登（John Hampden）拒绝付款。国库法院以七票对五票的结果支持国王。然而，这个案子引起了极大的影响，以致其他社会名流拒绝付款，船税收入大幅下降。

1640年，议会通过了《航运税法案》，永久性地终止了这项税收。汉普登后来成为了议会中主要的发言人和内战中的一名议会军骑兵军官。1643年，他在牛津附近的查尔格罗夫（Chalgrove）战役中负伤而亡。

直致力于防止君主制发展成暴政。

16世纪，议会两院——上议院和下议院，已越来越多地参与到立法过程，越来越多的政治阶层的成员认为主权是由国王和议会共享，对于一些重要决定，尤其是税收，需要人民代表的批准。正是这种对政治权威本质的意见分歧，造成了这场危机。宗教问题使情况更加复杂。

一个世纪前，英格兰和苏格兰脱离罗马天主教成为新教国家。然而，两国边境上仍有大量少数民众信仰天主教。爱尔兰的大多数人口仍然是天主教徒，只能由都柏林议会艰难地控制。查理国王是英格兰（新教）教会的领袖，但被广泛认为有天主教倾向，并与罗马天主教徒亨丽埃塔·玛丽亚（Henrietta Maria）结婚。

根据宪法，国王在宗教教义和实践问题上不对议会负责。议会对这点无法质疑，但很多议员都是，或者是支持这些希望英格兰国教能在改革道路上走得更远的激进宗教团体成员。当时的形势需要智谋、节制、政治手腕和妥协，而这些正是查理所欠缺的品质。

统治开始时相当平静，因为国王基本上无视议会。一直以来，外交政策在他眼中是一项国王的特权，他将英国军队牵扯入"三十年战争"中，为了帮助他名义上的弟弟、帕拉丁选帝侯（Elector Palatine）弗雷德里克五世（Frederick V）。这被证明是一场军事灾难，也是王室财政的一大负担。当下议院批评由查理的挚爱白金汉公爵领导的运动时,查理干脆解散了议会。由于缺乏继续战争的资金,查理求助于较富裕的臣民"强制贷款"。这一举措除了不受欢迎,也未能满足国王的需求。结果之一就是一群没有报酬的士兵在郡里游荡,恐吓普通百姓。查理的回应是宣布戒严令,但这只会加剧紧张局势。1628年,他别无选择,只能设立新议会。

事实证明,议会现成员比他们的前任更加难以驾驭。他们意识到可以通过控制货币供应迫使国王让步,于是向国王提出了一系列要求,即所谓的"权利请愿书"。这项法令禁止了非议会税收、未经审判的监禁、强迫驻军和戒严法的实施。查理勉为其难地接受了请愿书,这被认为是宪法上的重大进步并受到了热烈欢迎。事实证明,这还为时过早。因为国王解散了议会,在没有议会的情况下统治了11年。

君主不召开议会会议没什么不寻常,只有当国家需要(通常是金钱)时,国王和女王才需寻求上议院和下议院的帮助。这次中断的不同之处在于,它的时间长度以及查理对选举产生的不信任。在这11年里,国王与议会间的仇恨不断加深。主要有三个原因:其一,查理一直试图不依赖议会筹款;其二,他的宗教政策将英国教会导向了天主教方向;其三,他挑起了对苏格兰的战争。

为了给政府提供资金,满足王室开支,查理有几种潜在的收入来源,包括:租金和销售收入在内的王室土地的收入,与支持英格兰的国际银行家谈判贷款,以确保某些货物通过港口的进出口关税(商船运费和手续费)。后者通常是终生授予君主的。然而,心怀不满的议会驳回了延长商船运费和手续费的权利。国王对这些限制他生活的企图不屑一顾,他不仅继续征收禁止的税款,还开发了其他增加收入的方法。他的雄心大

▲ 凡·戴克所作的查理一世三联式肖像

大超出了"收支相抵":查理决心为自己营造一种辉煌的氛围,例如,建立了欧洲最大、最好的艺术品收藏库之一。

他怀有雄心勃勃的计划,要把白厅(Whitehall)改造成一座与哈布斯堡王朝宫殿规模相同的宫殿。他的意图清晰明了地体现在他在白厅修建了一个新的内阁房间,用来存放他收藏的一些珍品。根据J.布洛顿(J. Brotton)的著作《已故国王藏品的销售——查理一世和他的艺术收藏》记载,在1633年,木匠彼得·彭森(Peter Penson)因为"为国王的内阁房间装上橱柜、箱子、书架和百叶窗而获得报酬。有88座古典的和现代的雕像立于基座……另有73幅油画和素描……柜子里还有54本书和无数装着硬币、奖章和宝石的抽屉"。

他收集到了所能收集到的最好藏品。而这种行为激怒了许多政治阶层的成员,尤其是当他们反思是自己在为此买单时。查理重新审视了古代王室各方面的收入,以打击这些传统上允许的"违规"。例如,他收紧了与皇家森林(为国王

▲ 查理一世经常在上议院接受朝拜

狩猎保留的区域）有关的法律。边界被重新划定，许多土地所有者如果擅自进入或扩展自己的可耕地至国王的保护区内，就会被罚款。

查理调查发现了其他可追溯到封建时代的习俗。在遥远的过去，每年财产价值超过40英镑的地主在每一个新王朝开始时都可被封为爵士。国王的调查显示，许多人没有充分利用这一权利。他们因玩忽职守而被罚款，仅这一处罚就带来了18万英镑的收入。对这一系列新奇吊诡的赚钱方式感受最深的莫过于大地主和商人——他们正是有资格在议会选举中投票的人。

1633年，查理任命威廉·劳德（William Laud）为他的首席宗教顾问，并任命他为坎特伯雷大主教。国王和大主教在教会事务上意见一致：他们赞成"高教会"仪式和严格的纪律，拒绝"清教主义"和统一。劳德的口号"彻底"彰示着刚直、不妥协的态度，他的任务是通过国王在星室法庭的特权和高级委员会在教会法庭执行严刑苛法（如对书籍和期刊的审查），以支撑起一个政教合一的国度。因而斯图亚特政权的反对者对劳德恨之入骨。

那些抱怨皇室政策的反对者尽管还较少，但他们也得到了严苛的处理。例如，律师威廉·普林（William Prynne）在舞台上的抨击被解读为对王室及其成员的批评。这名罪犯被罚款5000英镑，并被判处终身监禁，他的耳朵被剪掉，脸

这名罪犯被罚款5000英镑，且被判处终身监禁，并在他的脸颊上烙印。

▲ 克伦威尔在1645年的纳斯比战役中，查理·兰西尔所作

颊被贴上了煽动诽谤者"SL"的标签。

1637年，查理试图将修订后的《公祷书》（Book of Common Prayer）强加给苏格兰，该书强调了教会的重要性。在苏格兰，长老会很受欢迎，主教统治的教会只能勉强容忍。在接下来的几天里，抗议活动席卷了全国。

几个月之内，起义的领导人就提出了《民族圣约》（National Covenant）中的一系列要求。这份呼吁所有苏格兰人抵制宗教变革的文件被爱丁堡议会接受，并要求所有公民签名。查理坚持自己的立场并亲自率领英国军队越过边境。但到了紧要关头，双方都退出了全面的军事对抗，这就是所谓的"第一次主教战争"（the First Bishops' War）。然而，集会者们非但没有屈服，反而宣布废除主教制度。

国王不能无视这种挑衅。他准备认真地继续这场战争。为此，他需要钱。为了筹集足够的资金，他不得不召集议会。新议会于1640年4月13日召开。这个"短期议会"只持续了三周。新议会的领导层拒绝在他们长长的不满清单得到满足之前就开征战争税。

8月，一支苏格兰军队越境进入诺森伯兰郡（Northumberland）。查理再次穿上盔甲，向北进发。被称为"英国内战"（或者，更准确地说，三国战争）的一系列军事交锋已经开始，尽管在当时，这是一场冷战。

英国下议院的一名议员对"战争的趋势"进行了精确的概括："一个又一个意外事件让我们陷入了内战的开端，就像海浪把我们带到了现在一样。我们几乎不知道是怎么做的，但是通过纸面上的斗争，通过宣言、抗议、主张、投票、通信、回复和反响，我们现在就碰上了增兵的问题。"

▲ 《权利请愿书》实现了重大的民主改革

无可匹敌的清教徒独立势力与不可动摇的神圣王权之间的首次冲突发生在议会大厦里。1640年11月，新选出的议会（长期议会）宣誓就职。议会立场坚定而又倔强，开始攻击国王的大臣们。议会首先采取的行动之一就是弹劾斯特拉福德（Strafford）的伯爵托马斯·温特沃思（Thomas Wentworth），他是查理在爱尔兰的副手，也是一名极端主义顾问，他建议派遣爱尔兰军队来平息所有异议。议会根据《褫夺公权法案》判处伯爵死刑。

与此同时，可恨的劳德大主教被捕并被押送到伦敦塔。他一直被拘留在那里直到1645年1月。他的敌人更希望这位老人能死在那里，因为他们找不到能在法庭上站得住脚的对他不利的证据。最终，他被议会剥夺公权，并在塔山（Tower Hill）被斩首。

激进分子充分利用了他们的优势。11月提交给国王的《大抗议书》（The Grand Remonstrance），包含不少于204条对查理及其亲信的控诉。1月4日，国王试图反击，带着一群士兵来到议会，逮捕了5名激进的头目，其他议员闻风逃离了。

冲突现在已经蔓延到首都以外的地区。国王和议会都下令控制郡民兵。亨丽埃塔王后被派往国外，带着王冠上的珠宝以寻求外国的支持。国王离开伦敦，向北进发，号召所有忠诚的臣民加入他的行列。几名贵族服从了命令，带来了侍从和急需的现金。国王任命林赛伯爵（Earl of Lindsey）为他的总司令。议会领袖也在游说各方势力以获得支持，并将军队交给了埃塞克斯伯爵（Earl of Essex）。

8月22日，查理一世在诺丁汉（Nottingham）升起皇家旗帜，向议会的"叛徒"宣战。冷战结束。军事冲突开始了，据统计，英格兰死于战争和相关疾病的人数为12万，苏格兰为6万，爱尔兰则高达61.6万。

战争的第一阶段一直持续到1646年5月。议会控制了海军，有效地阻止了任何来自国外的保皇派的援助。在地面上，两军势均力敌。第一个关键战役——1642年10月23日在沃里克郡的艾芝西尔（Edgehill）——15000名议会军（也因

国王不能无视这种挑衅。他准备认真地继续这场战争。为此他需要钱。

清教徒钟爱那与保皇派或骑士军官艳丽的头发形成对比的平头而得名为圆颅党）同国王的12500名士兵对抗。双方损失均等。

由于大部分兵力完好无损，查理本可以直接前往伦敦，但他更愿意让他的军队为另一场大战役做好准备。这种谨慎使埃塞克斯得以向伦敦进军并获得增援。查理把牛津作为他的总部。在这一阶段，圆颅党的支持者主要来自南部、东部和中部地区，而国王的支持者主要来自北部、威尔士和西南部。

接下来一年，保皇派大获全胜，1643年7月26日围攻了布里斯托尔（Bristol）。然而，两天后，在盖恩斯伯勒（Gainsborough）发生了一场更重要的战斗。争夺这座城市的激烈战斗持续了3天，最终保皇党人掌握了控制权。但是，让盖恩斯伯勒与众不同的，是奥利弗·克伦威尔（Oliver Cromwell）在战场上的形象。克伦威尔是一位剑桥郡农民，是一个名为"东部联盟"（Eastern Association）的议会小团的领袖。在他的领导下，这支部队发展成为一支纪律严明、斗志昂扬的部队，后来成为新模范军。

克伦威尔注重招募和提拔具有清教信仰和军事能力的人，而不是社会地位高的人。有一次，他对指挥官说："我宁愿要一个朴素的赤褐色外衣的首领，因为他知道为什么而战，热爱他所信仰的，而不是你所信仰的绅士。"

两个月后，另一件大事发生了，伦敦和爱丁堡议会达成郑重的联盟和契约，苏格兰加入战争，站在圆颅党一边。当苏格兰人在新年越过边境时，北方平衡的权力发生了巨大变化。马斯顿荒原（Marston Moor）战役（1644年7月2日）是一个重要的转折点。激烈的战斗一直持续到天黑，克伦威尔军队的优良纪律再一次成为了决定性因素。保皇派的损失是5500人死亡、受伤和被俘，而盟军的损失是300人死亡，盟军继续占领约克和其他保皇派之前的据点。

1645年，一支纪律严明、训练有素的职业军队出现了。议会在4月3日颁布的法令《自抑令》（Self-denying Ordinance）的直接结果便是所有具有军事委托的议员们必须在政治生活

▼ "你最后一次见到你父亲是什么时候？"弗雷德里克·耶姆斯如此描述一个小男孩被议员们审问的情景

▲ 克伦威尔领导了马斯顿荒原战役

查理的军队在纳斯比被彻底击溃，1000人被杀，约5000人被俘。

和军事生活中做选择。6月14日，在纳斯比战役（Battle of Naseby）中，重组后的议会军队戏剧性地证明了自己的价值。

在托马斯·费尔法克斯爵士（Sir Thomas Fairfax）和奥利弗·克伦威尔的带领下，圆颅党开始对保皇派追击，保皇派决心北上收复失地。查理决心在北安普敦郡（Northamptonshire）的纳斯比打一仗，因为他7400人的军队与敌军的人数比超过了二比一。右翼的圆颅骑兵被莱茵河畔鲁伯特亲王（Prince Rupert）率领的保皇派骑兵击溃。鲁伯特亲王紧接着犯了一个错误，即追击逃跑的敌人，并留下空隙使敌人重新集结。

另一方面，克伦威尔的骑兵取得了胜利，而且更训练有素。他没有追击被打败的骑兵，而是给予议会步兵支持。查理的军队在纳斯比被彻底击溃，1000人被杀，约5000人被俘。战斗持续了整个1646年，主要是为了夺取保皇派的据点。5月5日，国王没有落入新模范军之手，而是在纽瓦克（Newark）向苏格兰契约军投降。然而，苏格兰契约军利用国王作为讨价还价的筹码，在1647年1月将他交给了他们的盟友议会军，以换取一笔可观的赎金。

查理被拘禁在汉普顿宫。议会领导人希望与查理达成某种宪法上的和解，于是查理开始了旷日持久的谈判，他仍然希望扭转自己的命运。他的敌人存在分歧：英格兰和苏格兰彼此不信任，议会和军队的领导人都在争夺权力。

1647年11月，查理逃到了南海岸。在那里，他错误地试图寻求怀特岛（the Isle of Wight）总督的帮助。结果，他被囚禁在卡里布鲁克（Carisbrooke）城堡。他与苏格兰人达成秘密协议，承诺在两个王国建立长老会，以换取苏格兰入侵英格兰。

这被证明是国王犯下的一系列错误中最严重的一个，因为让外国军队对自己的人民和议会代表发动战争，他后来被指控叛国罪。1649年1月，他受审并被判有罪。1月30日，国王查理一世在白厅众人面前被斩首。

胜利者们还有未完成的事情要处理，爱尔兰仍未被征服。1641年，天主教贵族借机发动叛乱。由贵族和神职人员领导的爱尔兰天主教联盟反抗新教政府，取得了对国家三分之二的控制。只有在阿尔斯特（Ulster）的部分地区，林斯特（Leinster）和明斯特（Munster）的军队对伦敦议会保持忠诚。

1643年，爱尔兰天主教联盟与爱尔兰的保皇派结盟。当同盟得到法国和西班牙的适度支持，以及教皇英诺森十世（Pope Innocent X）的正式承认后，天主教国际阵营得以成立。1644年，爱尔兰军队被派往苏格兰以帮助维持保皇派的立场。爱尔兰多数派（受查理手下的代理人鼓动）以恢复罗马天主教为目标，使长期议会通过了一项针对爱尔兰人的毫无怜悯、极其血腥的清算法案。

1649年8月，克伦威尔带着他经验丰富的军队登陆，这支军队不仅高效且对罗马天主教充满仇恨。瘟疫和饥荒加剧了克伦威尔军队在随后的大清洗中实施的屠杀。尽管有一些历史学家为他辩护，但这位将军对爱尔兰叛乱的无情镇压被认为是他最大的污点。直至1653年爱尔兰才最终被征服。

与此同时，在苏格兰，保皇派和长老会派联合将王位授予威尔士亲王查理·斯图亚特（Charles Stuart），1650年6月，他成为联合军队的头领。9月3日，克伦威尔离开爱尔兰以应对新的威胁，他袭击爱丁堡并在邓巴（Dunbar）取得胜利。他紧接着追击查理王子，他的军队也进入了英国。1651年9月3日在伍斯特（Worcester）发生了最后一场冲突，之后，年轻的查理再次流亡。

查理在卡里布鲁克

查理一世刚从火里跳出来，却又进了油锅里

1647年，查理从汉普顿宫逃脱后，前往南海岸，希望能找到一艘船带他横渡英吉利海峡。在南安普敦（Southampton）伯爵托马斯·赖奥思利（Thomas Wriothesley）的帮助下，他从位于南安普敦附近的住所写信给怀特岛的议会长官罗伯特·哈蒙德（Robert Hammond）上校。

哈蒙德是查理私家教堂的牧师的兄弟，国王误以为他是秘密的保皇派。当他到达岛上时，哈蒙德将他拘留，但对他尊敬有加，甚至允许他坐着马车自由地四处走动。然而，国王固执的谋划迫使哈蒙德将他限制在城堡内。双方都算不上高明，而查理在卡里布鲁克的故事也有明显的闹剧成分。

国王可以将消息偷偷地传递给他的同伙，但当实施逃亡计划时，查理被困在了卧室窗户的铁栏之间（1648年3月20日）。两个月后，国王又试了一次，但他的阴谋泄露了，看守的卫兵毫不费力地挫败了它。正是这个阴谋使他的敌人认为他是不可靠的。1648年9月20日，查理离开卡里布鲁克，前往伦敦，接受审判。

我们的国王
是叛徒

在连年兵燹之后，
国王付出了终极代价

1649年1月30日早晨，刺骨的寒风吹过伦敦的大街小巷，男男女女纷纷躲进城市的各个角落寻求温暖。尽管严霜刺骨，人们依然满怀期待地拥向白厅宴会厅门外的临时行刑台。毕竟，国王被处死这种事可不是每天都会发生的。

查理一世国王被领上为处死他而搭建的舞台，转身面对伦敦这座城市，在他和围观的人群之间隔着一大群士兵。考虑到天气寒冷，查理为了不颤抖而穿了两件厚衬衫，以免其臣民误认为他是被吓得瑟瑟发抖。

查理张开嘴，准备发表最后的演讲，然而他的话刚刚出口就被吹散在风中。于是这位国王转向台上围着他的人："下边的人几乎听不到我说什么，所以我只能跟你们说几句。"他的话是这样开头的："其实我可以保持缄默，但我不能让人们就这么误以为我认罪伏法。我有责任首先向上帝，继而向我的国家澄清：我是一个诚实的人、一个好国王和一个合格的基督徒。"这是第

▲ 国王查理一世肖像，凡·戴克作于17世纪30年代

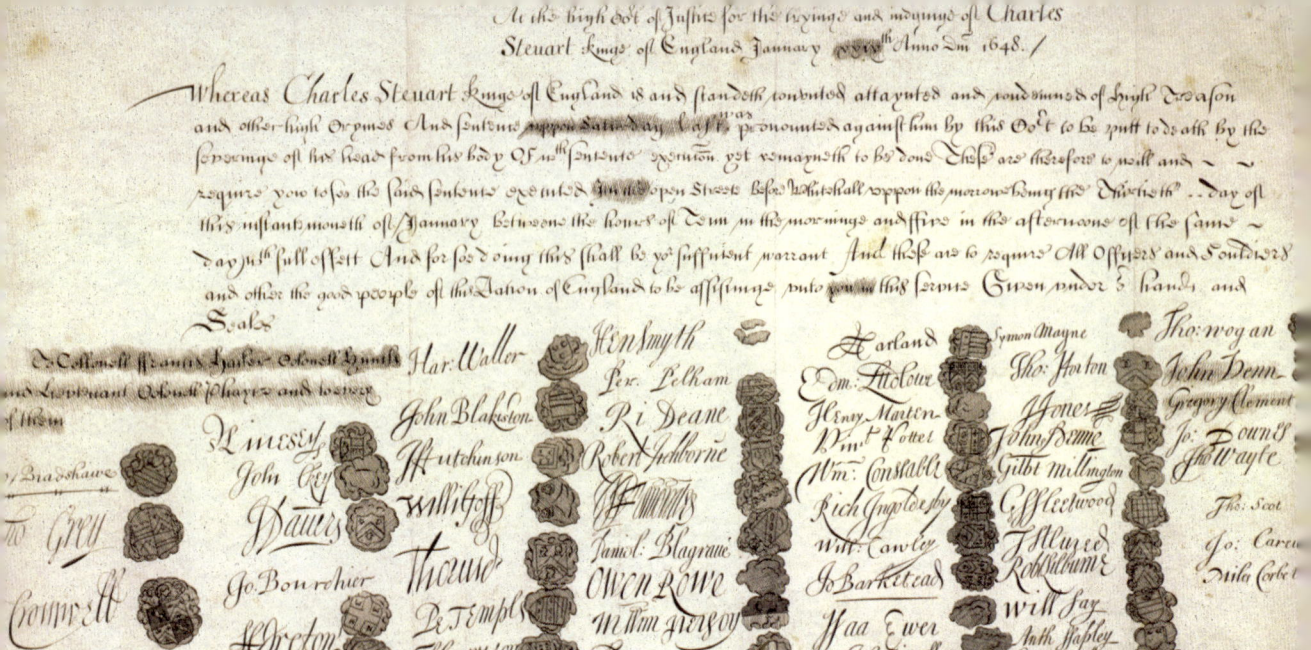

▲ 一份查理一世签署的死刑令抄本

直到审判结束，查理都坚持否认审判的合法性，拒绝回应原告的指控。

一次也是仅有的一次查理徒劳地为自己辩白。在演说的结尾，他简洁地陈述道："我已表达了我的真心。我向上帝祈祷，你们会选择对这个国家和你们自身救赎最好的道路。"

他转身对蒙面的刽子手喃喃低语了几句，然后跪了下来。国王无声地祈祷，然后向前俯身把脖子贴到垫板上。一时间，什么事也没发生。他又把胳膊向前伸展。这正是刽子手等待的信号——查理一世已经准备好迎接生命的终结了。

斧子落下。人群中响起了一阵呻吟。国王已经死了。

1648年12月初，议会中同情保皇派的议员在"普赖德清洗"中被逮捕。剩下支持军队的议员组成了所谓的"残缺议会"。1949年1月1日，这个同质化的单调议会下院提交了以叛国罪审判国王的议案——然而第二天议会上议院就否决了这个议案，宣称这一指控是非法的；毕竟，从本质上讲，国王是高于法律的。

被激怒的下院宣布他们有权不经上议院批准和国王签字就通过法律。1月6日，下议院宣布将设立一个法庭对国王进行审判。所谓的"高等司法法庭"的名单上有135位审判委员和3位法官，然而只有不到一半出现在了给查理一世定罪的法庭上。一个叫约翰·布拉德肖（John Bradshaw）的律师被定为法庭庭长，尽管他并非最佳人选。执业律师约翰·库克（John Cook）则被选为公诉人。

高等司法法庭面临一个严重问题，因为从来没有任何一个国王曾在司法法庭受审。然而一个荷兰历史学家，同时也是坚定的反君主主义者艾萨克·多里斯劳斯（Isaac Dorislaus）却在合法地推翻国王过程中发挥了关键作用。他被任命为高等司法法庭的法律顾问，于是他利用对古罗马法律的研究，基于一个称"军队可以推翻暴君"的法条对查理一世提出了指控。1月8日，高等司法法庭正式开庭。1月9日，法庭正式宣布对国王进行审判，之后几天则用来完善指控，收集证据，将其余工作收尾。

1月20日，审判在威斯敏斯特大厅正式开始。人群中有审判委员、法官和士兵，查理一世坐下来聆听对他的指控。不过国王对法庭的合法性提出质疑，并拒绝为自己辩护。查理不承认法庭的合法性，他指出，成立法庭既没有经过上议院的批准，也没有经过他本人的批准，他还宣称："我要求获知什么权力要我到此受审……我要知道是什么样的权威，我是指法律上的权威，要求我这么做。"查理一世将此作为他对一切问题的回应，他否定审判的合法性并拒绝回应对他的任何指控。

尽管国王拒绝认罪求饶，法庭依然像他已经认罪一样继续进行，这是被告人拒绝配合时的标准流程。庭审一直进行了一周，超过30位证人提供了国王暴政的证据。但是由于证人们是在另外的房间作证的，所以查理一世并没有听到证人们的陈辞，也没有机会对他们的说法进行质证。

1649年1月27日，法庭就判决达成一致。国王被判有罪并被高等司法法院的首脑布拉德肖宣布是"暴君、叛徒和杀人犯，是英格兰不共戴

▲ 查理拒绝在法庭上提出申辩

▲ 艾萨克·多里斯劳斯的素描肖像，他在指控查理一世中发挥了关键作用

▲ 查理一世被处死

天的公敌"。对他的最后判决是死刑。

　　只有到了这时，被判处死刑的查理才试图为自己辩护。但对他来说一切都已经太迟了。法庭没有听取他的请求，而是告诉他为自己辩护的时间已经过去了。国王被士兵迅速带出法庭。经过当天和第二天的准备之后，59名委员签署了对查理施行的死刑令。

　　行刑的时间定在1月30日，残缺议会开始着手废除君主制。一项"禁止宣布任何人成为英格兰或爱尔兰或其他领土的国王的法案"被通过（未经王室同意），并在查理被行刑的那天生效。当剑刃落在查理的脖子上时，英格兰的未来已不可逆转。自从成为一个统一的国家以来，英格兰第一次没有君主，没有国王来统治这片土地。

　　克伦威尔知道，只要查理一世在世，动荡就会一直存在。这个民族被传统和革新分裂，而在查理一世的独裁统治下，两者不能共存。顽固傲慢的查理一世将他神圣的权力坚持到底，却遭遇了悲惨的命运。这不仅是史无前例对国王的处决，也是绝对君主制的终结。查理一世的死亡给后来所有国家的君主上了一课——那些不愿倾听建议而奉行独裁统治的君主们，将同样面临无法平息的愤怒。

谁杀了国王？

查理一世的疑似刽子手

几个世纪以来，夺去国王查理一世生命的人的身份一直是个谜：刽子手戴着面具，甚至当国王被斩首的头颅呈现在人群面前时，刽子手也保持沉默，以至于无法听出他的声音。然而，随着斧头一挥，斩首结束了。刽子手很有经验是毫无疑问的。一个臭名昭著的刽子手长期以来一直被视为头号嫌疑人：理查德·布兰登（Richard Brandon）。最初克伦威尔的军队与他接触并出价30英镑让他处死国王，但布兰登拒绝了。然而，当他受到威胁或面对高价诱惑之后，就不清楚后续了。

布兰登从他父亲那里继承了这一行，他父亲也是一个同样臭名昭著的刽子手，名叫格雷戈里·布兰登（Gregory Brandon），他的名字在当时成了死亡的代名词。在理查德·布兰登也干起这行后，他发现自己被贴上了"小格雷戈里"的绰号。这个被称为"格雷戈里之树"的家族生意也成为了"泰伯恩绞刑台"的代名词。

▲ 查理一世被处死

大空位时期

在没有国王的情况下，英格兰必须从零开始建立一种新的政治体制——这对新生的共和国来说绝非易事

作者：德里克·威尔逊

1649年1月30日至1660年5月8日，持续11年9周6天，英格兰、苏格兰和爱尔兰一度不再是一个王国。查理一世被处决后，权力从理论上讲掌握在议会手中，但实际上掌握实权的是军队领导人。

在如何处置国王的问题上，查理的敌人之间日益加剧的分歧导致了1648年12月的"普赖德清洗"。托马斯·普赖德（Thomas Pride）上校禁止所有反对审判君主的议员（总共231人）进入议会大厦，这样只剩下长期议会的"残渣"可以处理事务。上议院被废除后，建立了由41名成员组成的国务委员会作为执行机构——"残缺议会"。

1649年到1653年这段时期被称为"共和国"时期。也许正因为它的成员少，"残缺议会"得以通过许多具有长期影响的重要立法。议会中有很强的商业色彩，这在很大程度上解释了法律的发展与保护英国的商业和殖民利益之

▲ 描绘1653年议会关闭的蚀刻画

▲ 罗伯特·布雷克指挥英国舰队与荷兰作战

第一次英荷战争
新教徒与新教徒之间的冲突

作为新教共和国，英格兰和荷兰之间应该有一种天然的亲近感，克伦威尔甚至希望它们能合并成一个共和国。然而，商业竞争、荷兰内政不稳定和对流亡保皇派的庇护导致了两者关系的破裂。根据《航海法》，几艘荷兰船只遭搜查，其他船只被英国私掠船袭击。导致战争的最后一次挑衅是1650年5月29日，海军上将罗伯特·布雷克（Robert Blake）向古德温群岛（Goodwin Sands）附近的一支荷兰舰队开火，称其拒绝降旗以示礼貌。在接下来的几个月里，又打了几次没有结果的海战。

贸易对两国的经济至关重要，双方都有支持和反对战争的党派，但战争有其自身的势头。1652年11月30日，海军上将马腾·特罗普在敦杰内斯近海取得决定性胜利，使荷兰控制了英吉利海峡。英格兰海军进行了一些重大的作战改革。第二年6月，在萨福克海岸的北前陆战役中，情况逆转，17艘荷兰船只被击沉或俘虏，1350名船员被俘。英国人现在能够对敌人实行使其瘫痪的封锁了。

和平谈判开始了，但荷兰人拒绝被迫达成一项对其不利的协议。1654年4月15日，《威斯敏斯特条约》最终签署，双方将交战的矛头指向西班牙的殖民地。在英国，海军改革对随后的殖民扩张至关重要。

间的关系。1651年的《航海法》（Navigation Act，第一个此类法案）阻止了英国殖民地与其他国家的直接贸易，目的是确保贸易的有利平衡（出口超过进口），并加强本国对抗其他国家的竞争力，特别是对荷兰。

共和国议会为解决英格兰的宗教分歧作出了很大的努力。他们与查理一世和劳德大主教的争执主要在于他们试图强迫每个人都服从英国国教的模式，而当时大多数清教徒都支持长老会或独立的教会治理形式。1646年，圣公会被废除，取而代之的是基于所有宗教部长平等的长老会式教会政府。"残缺议会"恢复了伊丽莎白时代的立法，鼓励礼拜者去他们的教区教堂，并带来了前所未有的宗教宽容。

然而，自由尚不被允许走得太远。在过去的50年里，出现了各种各样的基督教和伪基督教派别——教友会、浸信会、喧嚣派、平等派、掘地派和马格莱顿派——每个派别都宣称拥有真理的专属权，并提议重建社会秩序。因此，议会设立了一个福音传播委员会，通过向牧师颁发证书来监督和控制所有的宗教教学。1650年，为了遏制极端分子，还引入了《亵渎神明法案》（A Blasphemy Act）。虽然清教徒政权的政策比劳德推行"高教会"统一性的主张更为宽容，但国家领导人仍然认为有必要限制宗教活动，并将其置于成文法的控制之下。

英格兰的新领导人面临着为政府日常支出，以及正在爱尔兰和苏格兰进行的军事行动筹集资金的问题。税收的一个来源是从保皇派和教会没收的财产。国王支持者拥有的土地有两种获利方式：一是在公开市场上出售，二是卖回给原来的所有者。

事实证明，投机者和急于增持土地的土地所有者很喜欢这种做法，但这一政策却在很大程度上适得其反，因为它增长了英国各郡竞争对手之

▲ 英国的大多数议会都以分歧而告终，这使得有效的统治难以施行

间的仇恨，而此时，弥合伤口和减少分歧本应是最优先考虑的事情。此外，这些政策并不能弥补政府开支的不足。

因此，有必要征收新的税种：一种是财产税，另一种是对所有工业制成品征收的消费税。正如你所预料的那样，这些提议遭到了广泛的反对。与国王冲突在某种程度上是由税收引起的，现在议会对人民施加了更沉重的负担。人们对"残缺议会"的支持率急速降低。

现在克伦威尔面临着另一场危机，这次是在外交政策方面。内战期间英国海军力量的发展，加上《航海法》和其他旨在促进和保护商船的措施，不可避免地与欧洲主要的商业和殖民势力荷兰发生了冲突。作为新教共和国，这两个国家有很多共同点，但官方外交上的分歧和海上船只间的冲突将它们推入了海战，双方于1652年7月8日公开宣战。

在战争的最初几个月里，荷兰人占据了优势，这加剧了人们对"残缺议会"的不满，也加剧了政客和军方领导人之间的裂痕。最根本的问题是英格兰缺乏宪法。国王已去，接续他行使最高权力的人是谁呢？奥利弗·克伦威尔和将军们希望"残缺议会"自行解散，为新的选举让路，但议会提出削减军队，声称在和平时期没有必要

荷兰人的得势加剧了国内民众对"残缺议会"的不满。

▲ 荷兰艺术家阿德里安·汉内曼所画的奥利弗·克伦威尔肖像

保留大规模常备军。

1653年4月20日，克伦威尔作为国务委员会的一员，坐在议会中聆听关于新议会选举安排的辩论。突然，他站起来对议员们发表长篇大论。

"你们不是议会！"他喊道。他指责他们的提议只是在延续自己的权力，在命令军队进入并清理会议厅之前，他狂怒了几分钟。根据一些说法，他指着议长的权杖（议会权力的象征），并命令把这个"小玩意儿"拿掉。

这种暴躁的言行解决不了任何问题。克伦威尔和将军们从三国中选出140名新议员。由此产生的"拜尔朋议会"（Barebones Parliament）——这样具有嘲讽性质的命名源自此议会的成员之一、清教徒的皮革供应商赞美上帝·拜尔朋——是一团混乱。之所以选择这些代表，更多的是基于他们的宗教资历，而不是他们在政治上的专长，很快他们就陷入了毫无成效的争吵中。议会仅仅持续了5个月，就宣布无法胜任这项任务并自行解散了。

英国处于宪法真空状态，只有军队掌握着权力，而军方领导人正努力从零开始设计一套政府体系，从而有机会实现长治久安。带头的是爱尔兰总督约翰·兰伯特将军（General John Lambert），他领导的一个委员会起草了英国实际上第一部成文宪法——《政府约法》（the Instrument of Government）。它建立了三重的政治结构：

1. 护国公。这个职位是终身的，就像君主制一样。然而，与君主制不同的是，它不是世袭的。

2. 国家委员会。为护国公提供帮助和建议，就像以前的皇家枢密院所做的那样。

3. 民选议会。这个立法机构将每三年进行一次选举，会议至少持续五个月。

克伦威尔被任命为护国公，第一次摄政议会于1654年9月3日开始运作。事实证明，这种合作关系并不比过去君主与议会之间的合作更可行。议员们拒绝优先处理克伦威尔交给他们的事务，声称他们首先效忠于选区的成员。1655年1月22日，克伦威尔解散了议会。

随后是一段军事统治时期。英格兰和威尔士被划分为十个地区，每个地区都由一位少将控制并直接向克伦威尔汇报。在克伦威尔和他的同僚看来，这是必要的，原因有三：

1. 稳定。有必要维持法律和秩序，并确保政府的程序，包括税收。

2. 保护。仍然有一些与流亡的斯图亚特家族有联系的保皇派抵抗者。

3. 重建道德。这个国家的清教统治者对公共道德水平的下降感到震惊，战争使其部分恶化，他们认为建立一个神圣的国家是自己的责任。

不出所料，这个政权不受人欢迎——人们非

▲ 共和国货币

常不喜欢压制那挚爱的传统，这些传统现在却被认为是"轻浮的"或"教皇式的"。而且，在很多人看来，将军们的统治与查理一世的"11年暴政"没什么不同，他统治时还没有议会。正如1640年国王出于财政需要召集议会一样，克伦威尔也承认收税的最佳方式是经议会同意。

克伦威尔不情愿地同意召开第二次摄政议会。1656年9月17日至1657年6月26日和1658年1月20日至1658年2月4日召开了两次会议，但军队仍然掌握着主动权。大约400名议会议员被选举出来，但国家委员会认为其中四分之一的人不够虔诚而取消了他们的资格。同时，另有50人辞职以示抗议。这不是一个饱含希望的开始。

1657年1月，政客们对士兵进行报复。一项民兵法案被提出，试图对保皇党领地永久征税，以维持少将的统治。经过长时间的辩论，议会坚决反对。军事统治结束了。

克伦威尔发现了实用主义的必要性。他意识到，只有在宗教宽容达到一定程度的情况下，这个国家才能和平。他甚至授权一个使团秘密前往罗马，表示如果教皇停止敦促英国天主教徒造反，就允许他们私人礼拜。然而这枝橄榄枝被拒绝了。事实上，克伦威尔对"强硬"宗教政策的反感逐渐加剧，这成了他和议会之间的问题，在1656年的内勒案中就有体现。

教友会（Quaker）传教士詹姆斯·内勒（James Naylor）拥有大量追随者，他甚至扮演了酷似基督的角色。他头发飘逸，蓄着胡须，凯旋进入布里斯托尔（Bristol），此时歇斯底里的追随者高呼："霍桑纳！""圣哉，圣哉，圣哉，以色列的耶和华！"

对于17世纪任何信仰主流派别的基督徒来说，这都是亵渎神明的表现，而议会中的神圣思想家毫不犹豫地将内勒送上了法庭。精神错乱的牧师在街上被鞭打，被烙上烙印，在舌上打孔，然后被永远地关进监狱。克伦威尔发现，他对全体公民福祉的责任，与议会狂热分子的无情行为甚至可能是非法行为发生了冲突，这让他十分痛心。

所有相关党派都在寻求一种宪法模式，以界定权力的真正位置，并为国家提供一个合法和永

▲ 1653年的一幅讽刺版画，将奥利弗·克伦威尔描绘成统治英格兰、爱尔兰和苏格兰的暴君。一只排泄钱币的鹰狮为他加冕

他意识到，只有在一定程度的宗教宽容之下，才能和平地统治这个国家。

▼ 在第一次英荷战争早期的一场战斗中，一艘名为"贝德罗德号"的荷兰船向一艘英国船开火

▲ 奥利弗·克伦威尔观察棺材里的查理一世的遗体

久的政府。1657年2月，议会向克伦威尔呈递了《谦卑演说和谏章》（Humble Address and Remonstrance），这在后来的草稿中，变成了《谦卑请愿和建议》（Humble Petition and Advice）。它要求恢复上议院的地位并任命克伦威尔为国王。

克伦威尔第一次对此没有任何疑问。正如詹姆斯·内勒（James Naylor）所说，这一事件表明，现有的议会议员"需要受到制约"。接受王位对于克伦威尔来说是一个更加困难的决定，他对这个头衔或与之相伴的华丽服饰没有野心，但建立一个新的王朝能提供给这个国家所需的和平与凝聚力吗？肯定会有军队领导人反对，他们有理由质问国家是否已经简单地将一个无法控制的世袭暴政换为另一个。克伦威尔为此苦恼了两个半月，在一片猜测和谣言下，他终于在5月8日向议会作出答复。他说，他不能"以国王的名义执政"。

克伦威尔继续享有国王的权力而不必背负君主制的污名。他很快就有理由使用这些权力。议会再一次陷入了对宪法的争论。这一次，许多人反对新的上议院。更热心的共和党人起草了一份请愿书并在伦敦传阅，但克伦威尔的耐心戛然而止。1658年2月4日，他突然解散了议会。

他对当选议员和少将对于政治自顾自的态度感到失望，他认为在很大程度上是因为这种态度妨碍了国内改革和国外扩张政策的制定和执行。

"没有和平和解决，没有仁慈和真理的结合、正义与和平的拥吻，而是通过'你的'使国家诚实的人民和解，解决我们中间悲哀的紊乱。杂草和荨麻、荆棘和尖刺在你的荫蔽下茁壮成长！解散与分裂，不满与不平，加上对全体民众的真正威胁，在你坐下来的这五个月里，比前几年增加了许多！也由此奠定了未来国内外敌人可能再次兴风作浪的基础。"1655年1月，克伦威尔解散了第一届摄政议会，并发表了长篇演说。

那么，尽管有宪法危机的干扰，护国公在他的任期内究竟希望实现什么？他实际上实现了什么？他的执政原则根植于他的清教徒信仰——在许多批评者眼中，这就足以谴责他的"心胸狭窄"、"不宽容"、"严厉"和"虚伪"。

我们需要了解两个事实：他的宗教信仰是基于基督教的最高道德标准的，他认为它们应该应用于公共生活；他担任要职的经历使他在理想和现实之间进行了调和，并认识到政府不是黑白分明的，而是个灰色地带。

克伦威尔将继续享有国王的权力而不必背负君主制的污名。

被颠倒的世界

英格兰成了宗教纠纷的滋生地

大空位时期带来的政治、宗教和社会变革是复辟后的斯图亚特王朝也无法逆转的。教会和国家的威权主义被推翻后，个人可以根据良知和《圣经》自由决定自己的信仰，同时宣传各种激进教义的小册子和报纸（1645年有722份）也大量涌现。

各种宗派、团体和政党纷纷涌现，希望掌握国家大权，并将国家引向他们所选择的方向。他们中的大多数人享有言论自由。当时有20多个有组织且容易定义的异议团体，包括被大多数主流新教徒视为亵渎神明的教友会（Quakers）和旨在通过大幅扩大公民权等手段缩小社会分化的平等派（Levellers）。

掘地派走得更远，赞成在必要的地方通过革命和暴力进行土地改革，而第五君主国派宣布即将到来的世界末日和"圣徒"（他们自己）的统治，并寻求改革政治结构为基督的第二次降临做准备。

喧嚣派是激进边缘中最极端的一个，他们本质上是自由意志主义者，声称自己已经达到了无罪的完美状态，从而从传统的道德约束中解放出来。马格莱顿教派信徒则是"喧嚣派"的一个分支，他们对正式的宗教采取了一种完全拒绝的态度，拒绝一切崇拜和布道。

这种古怪想法和理念的大杂烩可能看起来很奇怪，但它是一种思想自由基调下的症状，这种情绪深刻地影响了英国的政治和宗教生活。

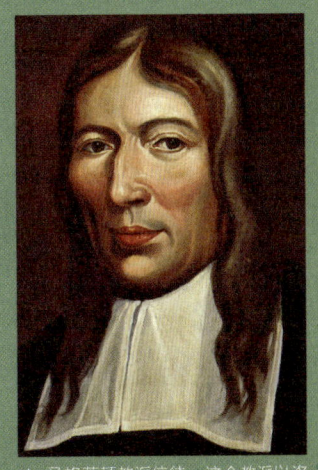

▲ 马格莱顿教派信徒。这个教派以洛多威克·马格莱顿的名字命名，是一个幸存到20世纪的小型新教教派

在国内事务上，是他首次领导了共和国——英格兰、苏格兰、爱尔兰和威尔士——这直到1801年才再次实现。除了天主教徒和新教极端分子，没有人因为宗教问题而被禁止就职，比起劳德（Laudian）政权和查理二世的骑士议会，该时期有更大的信仰自由。他还重新允许犹太人进入英格兰，这是自1290年以来的第一次。

大将军们的强硬（通常是严厉的）统治对法院和地方政府驱逐腐败和低效起到了很大的作用。此外，他废除了对若干罪行的死刑。在他的领导下，高级军政职位向有才能的人开放，而不依赖财富或出身。

在外交事务上，克伦威尔以增强共和国海军力量为基础振奋了新的士气。第一次英荷战争的胜利为英格兰商船打开了北部水域，守护者于是制定了进攻美洲的"西进方案"，西班牙美洲殖民地也便成了西班牙财富的主要来源。斯图亚特王室的逆转导致了对牙买加的征服和英国帝国扩张的开始。

克伦威尔是一个原则坚定、敢于打破常规思维的人。如果给他时间，他可能会取得更多成就，但共和制的尝试实际上随着他1658年9月的突然去世而结束。

继承问题

查理一世被处决近十年后,奥利弗·克伦威尔的健康每况愈下。共和国的命运即将再一次改变。

1658年9月,在担任英国护国公近五年后,奥利弗·克伦威尔的生命接近尾声。相比所有的争议、艰苦的战斗和来之不易的胜利,这最后的挑战是他无法克服的。不久,英格兰、苏格兰和爱尔兰的共和国将处在另一位护国公的领导下。

奥利弗·克伦威尔的离世并不戏剧化。他的去世如此突然,以至于有些人对此感到怀疑。在他59岁的时候,战斗的火花已经从这个疲惫不堪的老士兵身上消失了,他被一生的征战和奋斗抛弃。最重要的是,克伦威尔生命的最后几个月陷入对爱女伊丽莎白·克莱波尔(Elizabeth Claypole)之死的悲痛中。

1658年6月,年仅29岁的伊丽莎白病倒了,8月的第一周,她就去世了,她很可能是得了癌症。她一直是父亲的挚爱,她的死粉碎了克伦威尔,使他陷入了黑暗的自省,且无法摆脱出来。与此同时,20多年来一直伴随他的疟疾卷土重来,击倒了他。病重、悲痛、精疲力竭,克伦威尔的健康状况以惊人的速度每况愈下。最后一击是在1658年夏天,他患上了严重的肾脏感染和肺炎。奥利弗·克伦威尔于1658年9月3日逝世,并在威斯敏斯特大教堂举行的盛大仪式中被埋葬。然而,他留下的这片土地又怎样了呢?

克伦威尔有权也有责任指定他的继承人为护国公,但继承的书面命令却一直找不到。没有它,英格兰政府陷入了危机,克伦威尔能干的国务卿约翰·瑟罗爵士(Sir John Thurloe)徒劳地寻找这份文件。在接下来的几年里,他不停地搜索却毫无结果,还被指控有阴谋。一些人认为,他销毁了克伦威尔的书面提名,因为他不喜欢克伦威尔提出的继承人。

在没有书面指示的情况下,按照克伦威尔

> 克伦威尔有权也有责任指定他的继承人为护国公。

▲ 克伦威尔的女儿伊丽莎白之死，使病入膏肓的护国公陷入绝境

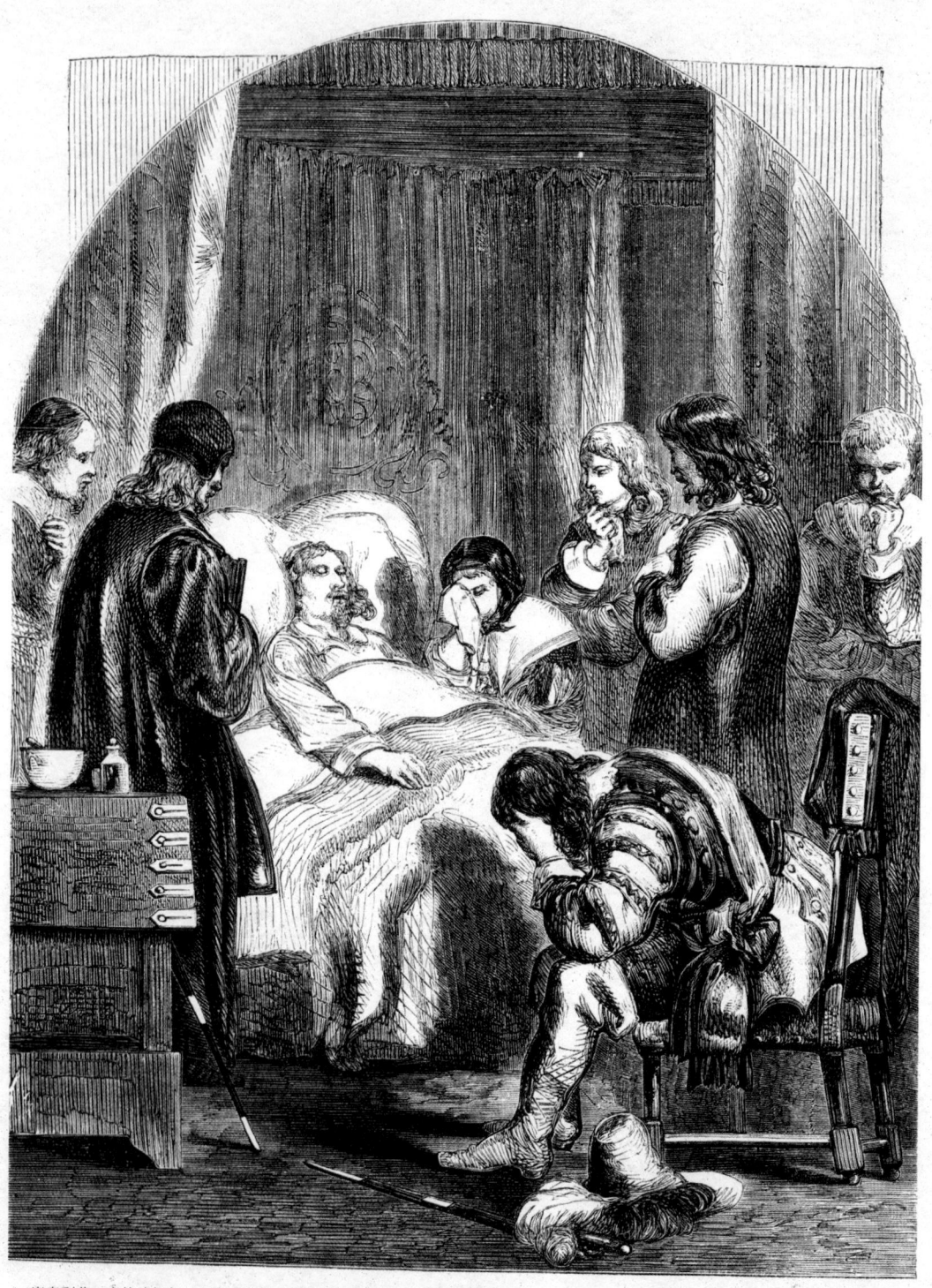

▲ 当奥利弗·克伦威尔在1658年去世时，共和国陷入动荡，国家再次发生转变

决定性时刻

导致理查德·克伦威尔继位并迅速辞职的关键事件

1652年
弗利特伍德的影响滋生

作为奥利弗·克伦威尔的女婿,经验丰富的士兵查尔斯·弗利特伍德被任命为爱尔兰总司令。弗利特伍德是理查德·克伦威尔与军队斗争的主要人物,他最终要求解散议会,结束了理查德的护国公生涯。

1657年
《谦卑请愿和建议》

《谦卑请愿和建议》给了奥利弗·克伦威尔提名自己继任者的权利。然而,克伦威尔死后,他的亲密顾问瑟罗声称克伦威尔没有留下任何书面指示,只是口头上指名理查德。他的对手大声疾呼犯规,认为瑟罗破坏了理查德继承王位的书面指示。

1658年
瑟罗引发的争议

有权势的国务卿约翰·瑟罗在1657年挫败了一起暗杀奥利弗·克伦威尔的阴谋,并揭露了许多其他反对摄政的阴谋。他无法找到克伦威尔的书面继承令,这在他的敌人中引发了阴谋论,他凌驾于理查德之上的巨大影响力也为军队所怀疑。

死前同他在一起的人的说法,已故的护国公口头指定他的儿子理查德为他的继承人。在他父亲去世的那天晚上,理查德被告知他将成为新的护国公。在他接受这个角色的演讲中,他提到了自己的经验不足。这将是决定命运的话语。事实上,理查德·克伦威尔(Richard Cromwell)作为护国公的角色转眼间就结束了。尽管被任命的消息引起了公众的欢呼,但理查德在军队和议会中都没有坚定的支持者。没有这些,他就无法执政。克伦威尔是一名军人,但他的儿子不是。当理查德被任命为总司令时,新模范军对他持完全怀疑的态度。他是否继承了他父亲的正直热血,或者他只是在履行自己的职责,填补一个伟人留下的空缺?

理查德穿行于这样一幅充满野心和权力的自私图景中,小心翼翼地行走,试图分清朋友和敌人。在每一个转折点上,他都发现军事问题占据了主导地位,权力斗争和势力争夺是多人参与的。

1659年,在准备第一次也是唯一一次议会召开时,理查德发现自己继承了近200万英镑的债务。这笔钱大部分都是欠军队的。他注意到克伦威尔的女婿查尔斯·弗利特伍德(Charles Fleetwood)经常在近旁徘徊。弗利特伍德曾是爱尔兰的总司令,是新模范军的宠儿,也是一些人认为的克伦威尔非常喜欢的接班人之一。最终,理查德未能将军队利益和国民议会结合起来,这导致了他的垮台。由于准备不足和缺乏支持,理查德发现他实施统治的努力不断遭到破坏。那些忠于军方的顾问表面上支持他,却每次都在暗中削弱他的势力,而军方则对他持怀疑态度。看到预算削减在即,军队把这种怀疑转向了议会,担心议会缩小军队规模以削减国家的巨额开支。当军队直接请求议会解散时,理查德的抵抗很短暂,很快就默许了。"残缺议会"重新召开后,理查德最终被永久排除在政府事务之外。如果他要反击,此时正是时候。但相反,理查德什么也没做。他没有走得轰轰烈烈,而是淡出了。1659年5月25日,他正式递交辞呈。

上任不到一年,第二位护国公短暂的统治就草草结束了。理查德·克伦威尔再也不会执政了。

查理二世带回了圣诞节。在奥利弗·克伦威尔时期，清教徒禁止庆祝，然而之后这位欢乐的君主确保了所有的欢庆都随他一起回归。

介绍

查理二世

密谋、战争与反叛……在快乐王的治下并非只有欢庆和节日。

时间线

1630

● **查理出生**
查理王子是国王查理一世和亨利埃塔·玛丽亚的儿子,这是他们的第二个儿子。一年前他们生了一名男孩,然而长子刚出生就夭折了。
1630年5月29日

● **私生子**
查理最著名的私生子也叫查理,出生在荷兰共和国。他与他的父亲关系密切,后来在他父亲担任国王时被封为蒙茅斯公爵(duke of Monmouth)。
1649年4月9日

● **苏格兰国王**
尽管英吉利共和国在英格兰建立,查理在苏格兰的加冕仪式还是在斯康举行。
1651年1月1日

● **英国入侵失败**
查理入侵英格兰被克伦威尔镇压后,他就开始逃亡,声名狼藉的他躲在一棵橡树上,议会议员们则在他下面搜寻。
1651年9月3日

● **君主政体回归**
在欧洲大陆流亡后,查理最终回到英国继承王位,恢复了英国的君主制,成为国王查理二世。
1660年5月29日

● **死亡宣告**
黑死病在伦敦暴发并迅速蔓延,夺去了该市四分之一以上人的生命。大量商人和专业人士紧随其后,留下许多病人和穷人独自住在首都。
1665—1666年

● **新的领地**
荷兰在新大陆的新阿姆斯特丹殖民地向英国投降。荷兰人离开后,它被重新命名为纽约。
1664年9月5日

● **有许多情妇的男人**
查理同布拉甘萨王朝(Braganza)的凯瑟琳结婚了,她是葡萄牙最资深的贵族。这是一种政治上的结合,婚后凯瑟琳多次流产,始终没有生出继承人。相反,查理和他的情妇们却生了一堆私生子。
1662年5月21日

● **英荷战争**
查理统治期间最持久的冲突是英荷战争。第二次爆发于1665年,第三次爆发于1672年,两国为重要的贸易路线而争斗,英国决心结束荷兰对世界贸易的统治。然而,两场战争都是荷兰胜利,而英国遭受了巨大的经济损失。
1665—1674年

● **老伦敦的燃烧**
一场大火席卷了伦敦市中心。大火具有广泛性和毁灭性,摧毁了城市的80%,最终在两天后被扑灭。尽管有破坏,大火还是有助于阻止瘟疫,因为它烧死了大多数携带疾病的老鼠。
1666年9月5日

● **人身保护令**
议会通过了《人身保护法》,不经审判就将人监禁是非法的。随后还有许多人身保护令出台,而这被认为是英国历史上最重要的一次。
1679年5月27日

● **天主教阴谋**
一位名誉扫地的牧师声称,天主教有着"暗杀查理二世"的阴谋。这一言论引发了恐慌和大规模的逮捕,尽管最终被揭露是假的,但它激起了反天主教情绪。
1678年9月

● **《宽容宣言》**
查理颁布《宽容宣言》,试图给予天主教徒宗教自由。但这并不受欢迎,次年就被撤回了。
1672年3月15日

● **《多佛条约》**
为重建伦敦而苦苦挣扎的查理与法国的路易十四签署了秘密条约,同意皈依天主教并支持法国对荷兰的战争,以获得每年23万英镑的收入。虽然改宗并没有发生,但第三次英荷战争是该条约的直接结果。
1670年

1685

● **一个孤独的国王**
既渴望维护上帝赋予他的权威,也厌倦了天主教和新教的内讧和阴谋,查理解散了议会。在他的余生中,他继续独自执政。
1679年12月5日

● **黑麦房阴谋**
出于对查理公开信奉天主教的兄弟詹姆斯将继承王位的恐惧,有人密谋在詹姆斯登上王位之前将他们两人都处理掉。阴谋被挫败,查理以此为借口处决了几名敌人,判处他们叛国罪并将他们斩首。
1683年

● **欢乐的尾声**
54岁的查理突发中风,四天后去世。临终前,他皈依天主教,并恳求他的兄弟照顾他的情妇尼莉。由于查理唯一的孩子是私生子,所以他的弟弟继承了王位,成为了詹姆斯二世。
1685年2月6日

斯图亚特家族国王的回归

受流亡期间欧洲文化的影响，查理·斯图亚特的归来使放荡不羁的黄金时代来临了。

作者：德雷克·威尔逊

1659年5月，由于没能获得议会的信任，在位不到一年的理查德·克伦威尔辞去了护国公的职位。议会付清了他的债务，并给了他一笔养老金，之后他被允许退休，没有受到任何惩罚。但由于没有直接继承人，加上过去十年的政治体制极不受欢迎，被流放的、国王查理一世的儿子查理·斯图亚特似乎越来越成为最具吸引力的人选。

经过一系列的谈判，查理确保不会像他的父亲那样滥用权力——他的父亲在1649年被当作人民的敌人处决——并且他将继续信奉新教。未来的国王发布了《布雷达宣言》（Declaration of Breda），向议会保证，在大空位时期购买的产权不会被没收，军队将重新归位，生活将一如既往。满足了两院的要求后，查理被允许回到英格兰继承王位，大空位时期结束了。

很明显，查理深受人民爱戴，广大民众和议会都意识到君主制的重要性。在英国议会宣布剧

▼ 约翰·迈克尔·赖特（John Michael Wright）所作的查理二世的加冕画像

查理的弟弟约克公爵詹姆斯是一位坚定的天主教徒。

▲ 提图斯·奥茨告诉查理二世隐藏在纸牌游戏中的天主教阴谋。由英国画家、雕刻家威廉·费索恩在1684年设计

剧，充斥着反讽——这是一个迹象，表明查理二世的回归对英国社会产生了极大的影响。

伦敦成为了一个文化和商业大熔炉，一个与安特卫普（Antwerp）乃至整个尼德兰（Netherland）相媲美的全球化中心。查理和跟随他逃亡的贵族们有十多年的时间，来回味和熟悉他们带回的更自由的欧洲生活方式。

然而，尽管过去的事情看起来已经被原谅了，但复辟确实也带来了对那些直接参与弑君的人的指责，并不是每个人都能逃脱惩罚。

查理二世登基后不久就在议会的批准下通过了《赔偿和赦免法案》。而这一法案赋予了那些在内战中扮演了某些角色的人豁免权，这意味着大多数平民不会因为站错队而被起诉——只要他们没有犯下谋杀、海盗、强奸或其他严重罪行。另一方面，参与审判和处决查理父亲的政客要受到惩罚，包括所有签署死刑令的人。

其中一名死刑犯是副检察长约翰·库克（John Cook），他主导了起诉，编造了查理一世犯下罪行的法律论据。库克最终被绞死。

议会还颁布法令，对奥利弗·克伦威尔、其他一些参与处决查理一世和建立英吉利共和国的"同谋者"进行判决，即将亨利·艾尔顿（Henry Ireton）、约翰·布拉德肖（John Bradshaw）和托马斯·普赖德（Thomas Pride）以叛国罪处死。事实上他们已经死了，这不成问题。

1661年1月30日，在弑君12周年纪念日，这三人的尸体被掘出。他们的尸体被吊在泰伯恩村（Tyburn），然后他们的头被砍下，尸体被扔进坑里。克伦威尔的头颅被插在威斯敏斯特大厅外的一根木杆上——查理一世就是在这里受

院演出和圣诞节为非法后，英国经历了数年的苦行和清教主义，现在已经准备好回归它所深深怀念的正常状态。

随着王朝的复辟，英国进入了一个新的时代。在这个时代，欧洲大陆上放荡的习俗在英国文化生活中爆发，这可能是受到国王本人的启发，因为他有许多情妇和私生子，他被称为"快乐王"。他最著名的情人可能是内尔·格温（Nell Gwyn），她因当演员而出名。

事实上，剧院重新开放，女性第一次被允许登上舞台——通常是表演关于性自由的淫秽戏

▲ 查理二世的园丁约翰·罗斯向他进献了英格兰种植的第一个菠萝

▲ 1660年6月2日，英格兰查理二世从斯海弗宁恩出发

审的——将近25年之后，它被作为战利品卖给了不同的人。直到1960年，它才最终被埋在剑桥大学西德尼苏塞克斯学院（Sidney Sussex College）的前礼拜堂下面。

查理二世登基时，许多人认为他想要建立一种宗教宽容的文化。自伊丽莎白时代宗教协议建立以来，天主教徒一直受到迫害，但他们并没有通过一些阴谋来推动他们以推翻或杀害新教君主并改变政权为目的的事业。那些仍徘徊在大多数人心中的1586年"巴宾顿阴谋"及1605年的"火药阴谋案"，如果成功，就会看到整个新教政界被一笔抹去。

在克伦威尔统治下的高度保守的清教政权下，更自由的英国国教徒也遭到了迫害。而像第五君主国这样的派系——一个相信耶稣即将降临地球并在审判日之前开始1000年统治的启示录派——渗透了海军，宣布共和国领袖将是第

▲ 奥利弗·克伦威尔的死亡面具，1658年

圣爱德华王冠

揭开为查理二世特制的加冕礼上最神圣物品的面纱

当查理一世被处决时，包括忏悔者爱华时代的圣爱德华王冠在内的原始王冠都已被熔化或出售，剩下的只有加冕用的汤匙。1660年，当新宣布为王的查理二世为来年的英国加冕礼做准备时，制造一个新的、尽可能类似于中世纪国王戴的头饰的工作就落在了皇冠珠宝商罗伯特·瓦伊纳（Robert Viner）身上。

世界一流
王冠顶端的球体，或称之为"世界"，代表君主统治的世界。它可能在1685年准备詹姆斯二世的加冕时被替换了。

轮廓
新王冠的基本结构沿用了原有的两个拱门，四个十字图案和四个鸢尾花，但不是每个方面都保持不变。

教会
基督教十字架，或称为"十字帕蒂"，强调了君主作为英国国教最高管理者的角色。

法式
鸢尾花是古代花卉的象征，它与法国君主政体有着特殊的联系，或许是对英国继承法国王位传统的微妙暗示。

珠宝
许多较小的石头都是临时性的，是在加冕仪式期间租用的。直到1911年，这些石头才被永久地安放在上面。

· 93 ·

二个摩西。但是，任何关于建立一个人人都能自由——或者至少比过去更自由——随心所欲地信奉宗教的国家的想法很快就被抛到了脑后。议会开始怀疑查理试图将国教改回罗马天主教，因为他和贵族们长期流亡于天主教专制主义者路易十四统治下的法国，并吸收了很多欧洲天主教的理念。此外，1662年，查理娶了布拉甘萨王朝的凯瑟琳——葡萄牙国王和阿尔加维斯（Algarves）国王的女儿，她是天主教徒。

当查理的弟弟、约克公爵詹姆斯，实际上是天主教徒的坚定成员这一事实公之于众时，这种对天主教徒的怀疑就更加强烈了。由于拒绝宣誓效忠英国国教，他被迫辞去高级海军上将的职务。

然而很明显，查理将不会有任何合法的孩子，詹姆斯看似总有一天会成为新国王。人们开始担心他会成为哪种类型的领导人，以及他是否会试图改变国教。

国王重返领土

人们大张旗鼓地欢迎查理二世重登王位

1660年5月23日，查理二世从荷兰海牙起航前往英格兰，这艘船是英国议会派来的——这一象征性的姿态在几年前仍不可想象。两天后当他上岸时，多佛的海岸上聚集了欢呼的人群。5月29日是他的30岁生日，他前往靠近格林威治的布莱克希思，有十万人等在那里迎接他。

随后，在对上议院的开幕致辞中，他说："这趟旅行把我弄得心烦意乱，我的耳朵里还在回荡着那些声音（我承认那声音很好听，因为它表达了人民的感情），我不适合作为一个代表，来回应那些我所希望得到的。我还有一件事要告诉你们，我对自己的变化感到最满意的是，我下定决心，无论如何都要恢复这个国家的自由和幸福，并根据议会的建议来实现它。"

晚上，他在现已不存在的白厅宴会厅中举行了宴会，他的父亲11年前曾经在那里被处决。在外人看来，那里的一切看起来似乎都没有改变。

▲ 1660年5月24日，查理二世抵达鹿特丹。利夫·彼茨作于1665年

在复辟时代快乐和轻浮的一面背后，隐藏着黑暗、暴力和不安的文化。

此时，议会由辉格党控制，辉格党主张君主立宪制，希望将詹姆斯排除在继承权之外。另一方面是托利党，他们认为应该给詹姆斯一个机会，正如他被神授予权利一样。在许多场合，辉格党都试图提出法案来禁止即位，他们失败的唯一原因是查理解散了议会。

这种担忧在1678年至1681年的教皇阴谋危机中达到顶峰。一个有强迫症的骗子、幻想家、英国国教前牧师提图斯·奥茨（Titus Oates）散布谣言，称詹姆斯和他的朝臣们参与了谋杀查理和重建天主教国家的阴谋。在另一位牧师斯雷尔·汤奇（Israel Tonge）的鼓动下，这一谣言在全国范围内激起了歇斯底里的情绪，人们通过打牌、发布小册子和新建立的咖啡馆文化来传播流言蜚语。

任何不相信这一谣言的人都发现自己遭到了谴责——比如菲利普·劳埃德爵士（Sir Philip Lloyd）。有人在舰队街（Fleet Street）的彩虹咖啡馆（Rainbow Coffeehouse）听到劳埃德断然拒绝相信这一阴谋，于是奥茨又找了另外四名当时在喝咖啡的人来指证他。

奥茨是一个无名小卒，没有学位就离开了剑桥，曾经非常贫困，但这次得到的回报是出席议会听证会，他是一系列公审中的主要证人。在这些公审中，令人怀疑的证据几乎不经调查就被接受了。他还得到了每月40英镑的退休金和白厅的政府公寓作为补偿。

总而言之，在他的阴谋最终被揭露后，奥茨要对35个人的死亡负责。他被赶出豪华套房，并在阿姆斯特丹的一家咖啡馆被捕。在被判作伪证罪并被判处终身监禁后，他被众人扔鸡蛋，同时还戴着写有"提图斯·奥茨因两次可怕的伪证罪而被定罪"的牌子。

教皇式的阴谋能得逞这么长时间表明，在复辟时代快乐轻浮的一面背后，隐藏着黑暗、暴力和不安的文化。公民社会和政治辩论似乎再次徘徊在崩溃的边缘，就像1642年一样。

查理二世在苏格兰的命运略有不同。不像英格兰，苏格兰在查理一世被处死后立即宣布成立共和国，查理二世在1650年宣布成为苏格兰国王，未来的他在边境以北有足够的军事和政治支持。但这并非代表没有困难。

查理，一个秘密的天主教徒，不得不同意接受苏格兰教会的盟约——上教堂——尽管他很不情愿，但还是这样做了。他曾一度考虑在爱尔兰天主教徒的帮助下进行一次入侵，但很快就放弃了这个想法——就在克伦威尔带领军队入侵苏格兰后不久。

1651年1月1日，查理二世在斯康加冕，但不久克伦威尔的军队开始入侵，他被迫捍卫自己的王冠。他在9月的伍斯特战役（Battle of Worcester）中被击败，因此有传闻说，他在逃往欧洲大陆之前不得不躲在一棵橡树上以免被抓获。

在他复辟之后，苏格兰再一次被忽视，就像在他之前父亲和祖父的统治下一样。苏格兰边境重新引入关税，这位"快乐王"任命了一系列专员，其中包括他饱受非议的弟弟约克公爵，将在不征求苏格兰议会意见的情况下代表他管理国家。

查理坚持认为自己有权发动战争与缔结和平协议，解散议会，任命大臣。他的苏格兰议员

▲ 这是一幅当代荷兰版画，展示了查理二世王朝复辟后在伦敦举行的第一次宴会

们也非常缺乏经验，在某种程度上，他们只是傀儡，准备在毫不反对的情况下官样文章式地批准查理和委员们的决定。因此，苏格兰复辟常常被描述为一个经济萧条和政治挫折不断严重的时期，几乎没有任何迹象表明，这是那个令英格兰无法忘怀的黄金时代。

查理和他的大臣们这种可以称得上是独裁的政府得以平安无事，是因为没人愿意看到17世纪40年代至50年代的政治动荡重演。对另一场内战甚至是与英格兰的血腥战争的恐惧，再怎么强调也不为过。

也许，查理二世死后仅三年就发生的光荣革命揭示了：复辟王朝那个和谐新时代的典型印象将英国内战的分歧远远抛在了后面等说法是非常误导人的。在淫秽的剧院舞台和繁忙的咖啡馆的虚幻表象下，这个国家是一个由像查理一世和理查德·克伦威尔那样不合格的领导人统治的分裂国家。

▲ 一幅描绘约克公爵詹姆斯的肖像，画于1672—1673年，展示了这位身着华丽罗马服装的王位继承人

黑死病

一次瘟疫暴发如何将英格兰首都变成一座鬼城。

1664年的寒冬，伦敦的民众看到一颗明亮的彗星划破了漆黑的夜空。民众没有为这一大自然的奇景所震撼，而是感到了恐惧。夜空中的奇异光线只可能是随之而来厄运的预兆。这种迷信在17世纪非常普遍，通常情况下不会应验，但是在这次罕见的情形中，人们似乎是正确的——厄运即将到来。

关于中世纪以来令欧洲闻风丧胆的瘟疫暴发事件，人们通常认为传染病杀死所有人后便消失不见了，但其实并不是这么回事。实际上，瘟疫根本就没有离开过欧洲，甚至是英格兰。从它在1347年首次出现以来的几百年里，瘟疫只不过是日常生活中需要面对的风险之一。停尸房的单据从1603年才开始定期公布，直到1665年，中间只有四年没有记录到瘟疫的案例。仅1563年一年，据说每周就有一千人死于这种疾病，1625年的鼠疫大暴发非常猛烈，所以人们都称其为"大瘟疫"，直到1665年新的大瘟疫暴发。

这次被通称为"黑死病"的鼠疫，使患者的皮肤出现黑色斑块，并在腹股沟周围出现可怕的发炎肿胀。除此以外，还有呕吐、舌头肿胀和头痛欲裂等症状。黑死病的病程漫长而又痛苦，并且没有治愈之策——因为不知其由来，医生也不知道应该如何治疗。他们将之归咎于许多不同因素，例如天气、家畜、鼹鼠和青蛙，但就是没找到真正的源头。直到1894年，人们才发现老鼠身上的跳蚤是罪魁祸首，而伦敦恰好是这些病源鼠类的温床。

伦敦最穷的几个地区拥挤得吓人，并且没有公共卫生设施。街头污水横流，动物粪便遍布各处。城墙边一个个发臭的垃圾堆在烈日下逐渐腐烂。腐烂废物的气味过于强烈，人们不得不用手绢掩住鼻子才能阻挡恶臭。

一些有钱人可以享受马车和轿子；穷人却只能在充满泥浆和污物的街头行走，难免会浸湿衣物。城墙外面的情况也同样糟糕，先前宽敞的住所现在挤满了小店主和外来移民，将奢侈的房屋变为鼠患横行的贫民窟。随着居住环境的不断恶化，是否会再一次暴发瘟疫已经不是问题，问题是何时暴发。

人们认为这次瘟疫是通过载有带疫棉花的荷兰贸易船到达伦敦的，船坞码头据信也是瘟疫最早肆虐的地方。瘟疫不可避免地传播开来，因为

▼ 为了不引起大众恐慌，所有死于黑死病的人都是在夜间被埋葬的

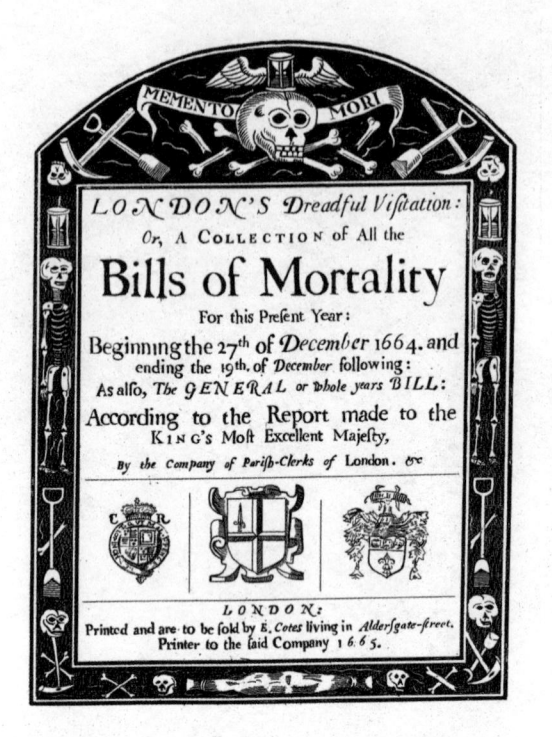

这些码头工人都拥挤在臭烘烘的狭窄建筑内。尽管这一疾病并没有立即大范围扩散，但是翌年的瘟疫致死率却有显著提高。

尽管死亡数字并不是那么高，但伦敦人早已见识到瘟疫可能带来的伤害，所以英国枢密院希望立即行动，实行居家隔离和封锁所有疑似病例的住所。然而，人们对这样的严厉措施并不买账。当第一所房屋被封锁时，暴动也随之爆发，最终屋子里的人得以释放。隔离医院也开始出现，在那里病患被隔离起来等待康复。

尽管枢密院做了努力，但随着天气变暖，瘟疫不断传播并造成更多市民死亡。由于担心情况越来越严重，啤酒馆关门谢客、每个居所限定人数等严格规定也开始执行。人们也被要求必须使其房屋外的街道保持清洁，然而这项公告却在很大程度上被忽视了，疾病继续蔓延。

1665年7月，瘟疫已经"取胜"，在伦敦城肆虐。查理二世国王被瘟疫赶出首都，逃到安全的索尔兹伯里和牛津。许多商人和专业人士将此事视为噩兆，也暂停各自的买卖离开伦敦。富人及其行李挤满了马车车厢，他们希望在黑死病找上门之前逃离城市。只有少数牧师和医生留了下来，为正在受苦的人们提供帮助。

尽管一些穷人也在想办法逃离，但这对他们来说十分困难。要想离开，他们需要一张由市长亲自签署的健康证明，这可是出了名的难，尤其是对身无分文的人来说。

伦敦以外的人听说了现状，非常不愿意接收那些逃离疫区的人，许多市镇村庄不管来者有没有健康证明，都闭门谢客。少数得以逃离的幸运儿不得不在田野里找寻食物，许多人在饥饿和盛夏酷暑的煎熬下，徘徊在生死边缘。这是一个可怕的抉择，要么和致命的瘟疫一起待在城市，要么在城市以外面对饥饿的未知命运。

数以千计的人在7月的最后一周死去，死者的数量日渐庞大，导致掩埋尸体的地点供不应求。人们只好在地上挖出巨大的深坑填埋尸体，这些尸体由死亡马车沿街收集而来，所到之处车夫高喊："把你家的死人弄出来！"这些大坑很快被装满，而尸体也在烈日下很快腐烂。仅在阿尔德盖特教区附近的一个坑里就发现了1114具尸体。

因为不知道瘟疫的来源，伦敦还命令捕杀了大量本来在帮助捕鼠的猫狗，这一弄巧成拙之举使本已严峻的形势雪上加霜。后来又有传闻说"坏空气"是瘟疫的罪魁祸首，于是人们在街头点燃一堆堆巨型篝火，试图净化空气。

市民陷入恐慌，平日熙熙攘攘的首都街道空无一人。商店关门、交易暂停，只剩下那些已经死去的人，以及在痛苦绝望中求救的患者。伦敦周边的村民也深感恐惧，他们把平时运进城的农产品放在指定地点等待人们前来购买。他们会躲在远处通过喊叫谈好价钱，而钱币则会被放进装满水的桶里。

尽管伦敦受到的冲击最严重，然而瘟疫也传

▲ 1665年至1666年，黑死病的暴发引起了人们广泛的恐慌

▲ 大街上只剩下了没钱出逃的穷人

播到了英格兰的其他地方，其中最出名的是德比郡的伊姆村。从伦敦运来的一堆带有跳蚤的衣物导致瘟疫在该村传播，村民们最终决定全村自我隔离。瘟疫消失前没有人离开村庄。尽管这一措施确实有效，但代价也十分高昂，全村292人中259人死于非命。

直到1665年秋末，死亡数字才开始变少，查理二世国王也在1666年2月返回伦敦，紧接着贵族们也跟着回来了。各行各业的商人重新开张营业，伦敦城又一次成了胸怀大志者的目的地，而非避之不及的恶地。

实际的死亡人数仍存在争议，因为意外灾害在当时还没有得到准确的记载。官方数据称1665年有68596人死于此次瘟疫，但据估计，实际死亡人数超过了20万。无论数字到底是多少，这场疫病终究是摧毁了这座曾经繁荣的城市，且需要相当长的时间才能完全恢复。

虽然1666年伦敦发生大火时瘟疫已经销声匿迹，但这场大火的确有助于降低未来暴发瘟疫的风险，因为它导致了伦敦城的加速重建。街道得以拓宽，人行道得到修筑，臭气熏天的露天排污沟也彻底消失。建筑的施工质量也得以改善，砖石替代了木头。所有这些都有助于这座深受喜爱的英格兰首都成为一个更加适宜居住的地方。

瘟疫已经"取胜"，在伦敦城肆虐。

瘟疫医生的剖视图

1616年至1721年，欧洲

玻璃眼镜
护目镜

与兜帽连为一体，可以使医生看东西时眼睛不必暴露于外面的空气中。这一整套装扮的设计归功于法国外科医生夏尔·德洛尔姆，它曾在17世纪中期欧洲毁灭性的瘟疫暴发中被大量使用。它将身体的所有部分都隐藏起来，不接触据说会引起瘟疫的有毒气体或"瘴气"。

手杖
多用途工具

尽管采取了细致的防护措施，医生们还是免不了要一直接触染病者，医生必须对他们尽到最低程度的救治义务。这支手杖可以用来检查感染者，指导家属应该在哪儿以及如何处理伤口，并且使人们无法接近自己。

大衣
油腻的护身铠甲

这种皮制长风衣把人从头到脚包裹起来。除了金属铠甲之外，皮革是可以穿戴的最结实的材料，因此人们觉得它可以抵挡瘟疫的侵袭。为了提供额外的保护，所有的长袍都被蜡或动物油脂覆盖，避免沾染瘴气和病人的体液。

马裤
保护易感部位

黑死病的一大令人厌恶的特征就是会集中攻击人体腹股沟、脖子和腋下的淋巴腺。因此，医生通常戴着厚重的兜帽保护脖子和前胸，腿上则穿着结实的马裤。

帽子
治疗者的头盔

这种皮制帽子是中世纪医生的标配制服，人们认为宽大的帽檐可以提供额外的保护。1665年伦敦瘟疫暴发期间，绝大多数瘟疫医生都戴了这种帽子，尽管他们中的大多数都不是合格的医生。他们大都跟随有钱的客户逃离了伦敦。然而在当时，无论是不是医生，都无法给患者提供有效的治疗。

喙状面罩
不祥之鸟

鸟嘴是瘟疫医生制服最具辨识度的部分。长长的鸟嘴里塞满了草药、花朵和有毒的药膏，人们认为这些可以中和瘴气。但是其充满恶意的设计确实令人产生了不少恐慌。

手套
防瘟疫护手

手套为双手提供保护，从而进一步保证医生的安全。但在实际情况下，医生带来的伤害可能多于其功劳。因为他们会造访患者的家庭，并命令全家人都和患者一同隔离，结果造成疾病进一步蔓延。

查理二世和伦敦大火

"快乐王"是如何将他的城市从1666年的毁灭边缘挽救回来的？

1666年9月2日（星期日）凌晨，几条街外发生火灾的消息传来，海军部长塞缪尔·佩皮斯（Samuel Pepys）从床上被叫醒。他走到靠近伦敦东墙的一扇窗户前，向外眺望这座城市。比林斯盖特（Billingsgate）确实发生了一场大火，但在首都的狭窄街道和木结构房屋中，这种火灾是很常见的。佩皮斯觉得没什么好担心的，就回去睡觉了。他需要睡眠。即便是没有这一点小火灾，在拥挤不堪的伦敦，他和英格兰已有足够多的问题需要担心。毕竟，这个国家是分裂的、充满不满的，现有的政府非常不得人心。自流亡欧洲的查理二世回国及君主复辟以来，已经过去了六年多。当新国王的游行队伍经过伦敦时，日记作者约翰·伊夫林（John Evelyn）记录道：

> 我站在海滩上，注视着一切，我赞颂上帝……因为自从巴比伦之囚被释放归来，在任何历史记载中，无论古代还是现代，都从

▼ 国王查理二世在平息大火后被誉为伦敦的英雄

▲ 登基前年轻的查理。由荷兰艺术家杰拉德·范·洪索斯特绘制

未见过这样的复兴，也从未见过这个国家如此欢快明亮的一天。

人们很容易从表面上理解这些话，并认为伊夫林是在代表他的大多数同胞说话。传说，英国在"快乐王"的统治下摆脱了阴郁、压迫的清教主义，这在大众的认知中是根深蒂固的，但这只是一个传说。随着新政府政策的执行，首都和全国的情绪没过多久就发生了变化。

如果说在政治上，一周是很长的一段时间，那么六年似乎就是永恒。全国各地的人都看到了保皇派地主与内战中支持议会的佃户之间的恩怨。主教们正在或重新在他们的教区任职，严格执行新的宗教协议，结果，两千名不接受新政权的"高教会"教义和仪式的神职人员被赶出了办公室。历经艰苦政治学习的查理并不完全支持复辟议会的政策。他知道宽容的重要性。他成年后的大部分时间都和法国人在一起，法国人有句名言——"莫惹睡狗"，这句话表达了查理内心深处的一种哲学。然而，他的追随者中有太多的人决心复仇。

不成功的外交政策使人民的幻想近乎破灭。1665年年初，查理的顾问怂恿他向英国的商业对手荷兰宣战。在过去的十年中，克伦威尔参与了第一次英荷战争（1652—1654）。他的海军大胜，盈利颇丰，国家威望飙升。王室议员们敦促着说，好戏重演将有助于提高公众士气，重新唤醒政权的声望，并为政府金库注入急需的资金。但事实是令人失望的。此次英格兰的海军蒙受了耻辱，船只和船员损失惨重。查理不幸地被他的臣民将他与奥利弗·克伦威尔比较。在1666年6月为期四天的战争后，6000名英国水兵丧生，其中大多数死在燃烧的船只上，一位智者在诗中抱怨道：

就像尼禄曾手持竖琴审视的那样，

他的罗马燃烧着，随着他的弹奏燃烧着，

所以我们伟大的王子，当荷兰舰队到达时，

眼看着他的船被烧，伴随着他与人私通而燃烧着。

他在我们渴求的时候是如此的善良，

他用他的种子熄灭那些火焰。

查理的行为对恢复公众信心没有起到什么作

一些历史学家倾向认为，查理核心集团的放荡行径被拘谨的清教徒夸大。

当伦敦的人们试图拯救家园时,圣保罗大教堂在远处燃烧

英荷战争

查理与荷兰的战争最终玷污了他的名声

复辟之后的民族主义和保皇主义浪潮席卷全国，人们要求与荷兰摊牌。1664年12月，战争爆发。第一场主要的战役是1666年6月的四天战役。大屠杀令人震惊。27艘英国船只被击沉或俘虏，6000名海员丧生。在伦敦大火的余波中，荷兰派出一支舰队进入泰晤士河口，袭击了位于查塔姆的海军船坞，摧毁了几艘停泊的船只，并拖走了其他船只。这将是"永远无法抹去的耻辱"。

六年后，在他的金主路易十四的指示下，查理卷入了另一场英荷战争。根据《多佛密约》（the Secret Treaty of Dover）的条款，他向盟国请求海军援助。议会和整个国家对战争都没有什么热情。盟军的战略是法国发动陆地入侵，而英国则封锁荷兰海岸。查理期待着一场胜利来为之前的失败复仇，给他的臣民带来欢乐并收获丰厚的战利品。然而，荷兰人并没有坐等挨打，而是向在萨福克（Suffolk）海岸会合的法国和英国舰队发起进攻。索奥湾（Sole Bay）战役是一场海军火力的激烈较量。英军损失了2500人，其中包括海军中将桑威奇伯爵（earl of Sandwich）。

陆地上的法国人在荷兰人蓄意制造的泄洪区被击败。现在一切都取决于一次成功的海军袭击。盟军舰队提防着荷兰停泊的浅滩和水流，把敌人拖到了更深的水域。结果就是"泰瑟尔岛之战"（the Battle of the Texel）——又一个伤痕累累的"平局"。因此，大多数英国人都赞同伊夫林的观点："冒这么大的险，牺牲这么多优秀的人，真是愚蠢。不是出于世界性的挑衅，而是因为荷兰人在除工业和嫉妒之外的其他所有方面都超过了我们。"议会现在拒绝继续资助战争，查理只好请求和平。

1665年6月的天气热得难以忍受。它催生了携带疾病的病毒生长和传播。

用。他于1660年登基时年仅30岁，成年后，一直作为难民靠外国统治者的慷慨度日。在流亡期间，他培养了"生存的艺术"——魅力吸引、口是心非、实用主义和大放厥词。他是一个皇家骗子，利用秘密外交、虚假承诺和贿赂来欺骗外国势力、议会、自己的大臣和人民，他的一个主要目标始终是：再也不要重蹈覆辙。生活中，国王查理二世耽于享乐且自我放纵。

一些历史学家倾向于认为，查理核心集团的放荡行径被拘谨的清教徒夸大，这些清教徒追求克伦威尔时代下紧缚的礼仪。但这并没有考虑到法国宫廷松懈的道德观，新国王在这里度过了他的青春期和成年早期的生活。法国人的道德长期以来一直受到英国人的蔑视。佩皮斯描述了那些滥交、酗酒和公开嘲笑基督教道德的国王，他的密友认为："在政府中至少有一种宗教的表现……那便是清醒，作为普通英国人的天性，是不会从他身上消失的。"没有人比查理的祖先们更品行端正、更自律了。普通民众对王室亲信的所作所为感到震惊，并对他们是从哪里学到这些行为的答案深信不疑。

> 法国殖民地在把持这个宫廷。
> 他们残暴的艺术呻吟于神圣之耳中，
> 扭曲了他的思想，扼杀了他的期愿，
> 对他诉说黄金印度与仙境，
> 海中巨兽和绝对指令。
> 于是，他们像仙女一样偷走了国王，
> 而代替他躺在那位置上的是一个路易低能儿。

另一位诗人不仅提到了这位新国王放荡的行为，还提到了那些劝说他效仿路易十四君主专制制度的人。即使是那些对查理的较小过失加以纵容的臣民也变得不那么宽容了，因为他们意识到他们交的税是为国王的享乐买单的。

查理有一位忠心耿耿的妻子，布拉甘萨王朝的凯瑟琳。她给了查理一切，除了他想要的和这个国家所需要的——一个王位继承人。但他的那帮情妇有好几个孩子。有一次，佩皮斯和伊夫林在威斯敏斯特大厅转圈时讨论了当时的情况：

> 说到政府的坏处，在那里只有恶毒而又缺德的男女在命令国王：他的本性不反对任何与他快乐有关的事情；这很大程度上是由于我们的国务大臣身体虚弱，不能像那些游手好闲的朋友那样关心他，所以那些年轻的流氓才得以上位了；又由于教士们的疏忽，永远不能像法国国王那样，使主教在他周围环绕……法国国王有他的情妇，却嘲笑我们国王的愚蠢：使他的私生子加封侯爵，在他们身上损失收入，并使他的情妇成为他的主人。

政府在政治上的无能，以及国王所缺乏的尊重，在这个国家即将遭遇的下一场灾难面前都显得微不足道。1665年6月的天气热得难以忍受，催生了携带疾病的病毒生长和传播，它们大量繁殖，特别是当人们一起生活在拥挤和条件不卫生的地方。截至当月末，伦敦登记了600例死于黑死病的病例。而这只是前奏。

9月，据报死者有30000人。在瘟疫达到最严重之前，仅伦敦就有三倍于此的死亡人数。这种流行病的可怕程度是难以想象的——尸体被扔进"万人坑"，被感染的家庭遭受封锁以防止传染病传播。到1665年年底，瘟疫结束了，但是

火灾进展情况

从一家面包房的烤箱到伦敦市中心的大部分地区的毁灭,看看这熊熊大火蔓延得有多快。

1 **9月2日 星期日**
大火始于桥北边的布丁巷(或洛特巷)面包房的烤炉。受着强劲的东风驱使,它呈扇形散开,一边朝向海滨,另一边朝向伦巴德街(Lombard Street)、家禽街(Poultry)和齐普赛德(Cheapside)。

3 9月4日 星期二

到9月4日，大火已经越过西墙，沿着舰队街蔓延。舰队街是律师区，也就是律师学院所在地。大火过了查令十字路口就转向白厅，在国王下令迅速采取行动后才得以阻止。在舰队街以北，大火沿着束缚巷蔓延，在到达霍尔本之前就被扑灭了。西北向火势最终在史密斯菲尔德（Smithfield）被扑灭了。

2 9月3日 星期一

到9月3日黎明，大火仍在向东蔓延，同时也在康希尔（Cornhill）、芬切琪诗街（Fenchurch Street）和塔街（Tower Street）蔓延。几个小时后，它到达了圣保罗大教堂的区域。

4 9月5日 星期三

9月5日，神庙和跛子门（Cripplegate）周围燃起了新的火焰，当塔楼附近出现火焰时，引起了巨大的恐慌。这座城市唯一逃过大火的地方是位于康希尔和北墙之间的地区。通过跛子门、沼泽门（Moorgate）和主教门（Bishopsgate），逃难的市民们匆忙赶到了通向海格特（Highgate）的空地上，但那里也被一层黑烟笼罩着。

查理二世与议会

国王与议会的关系不稳定，导致了两党之间的政治斗争

近日战争在一定程度上是为了宗教自由而被允许的。现在主教们回到了他们的教区，他们和议会中的盟友们决定恢复统一的英格兰教会。查理力争实行宗教宽容，但议会出台了一系列严厉措施来反对各种宗教异议。不接受祈祷书的2000名神职人员被剥夺了生计。法律禁止任何不接受英国国教圣礼的人担任公职。

让宗教问题变得更加紧张的是对未来继承问题的担忧。查理没有合法继承人，王位将由他的兄弟詹姆斯继承，但詹姆斯被怀疑是隐藏的罗马天主教徒。查理在处理议会的策略上是双重的，他一面凭借美德的力量，一面又通过控制货币供应来突显自己的权力。他试着管理议会，也试着不用它。他的部长们通过操纵选举和贿赂成员，努力创建了一个"法院党"，并取得了一些成功。1670年，查理与法国路易十四达成秘密条约《多佛密约》。如果他同意与法国加入另一场反对荷兰共和国的战争，他就会得到经济上的支持，一旦他的地位足够强大，他就会宣布自己是天主教徒。这一策略曾一度奏效，但1673年年底，议会得知了国王的口是心非。在某些冤情得到解决之前，他们拒绝提供资金。查理求助于路易，路易告诉他，灾难性的荷兰战争已经让他无法继续为盟友提供资金。查理被迫屈辱地撤退。

从这一点上说，英国的政治变成了派系斗争和个人争斗的蛇穴。议会通过了进一步的反天主教立法，禁止所有"天主教徒"进入两院。议会现在决心阻止罗马天主教徒约克公爵登基。1679年1月，愤怒而沮丧的查理解散了议会。最后，路易十四再次向国王伸出援手。他同意给予大量补贴，条件是查理不需要议会，查理统治的最后五年也是如此。

查理二世和议会之间的激烈竞争产生了一些长期的影响，但最重要的影响是两个政治集团的出现——支持方和反对方。在接下来的几年里，他们演变成了辉格党和托利党。政府和反对派在议会中针锋相对的政治起源已经隔墙而立。

政府没有什么可值得高兴的。国库是空的，战争进行得糟糕，和平谈判毫无进展。许多传教士将这一系列的灾难归咎于上帝对亵渎神灵的国王的惩罚。但更糟的还在后头。

那个漆黑的周日早晨，伦敦桥附近布丁巷（Pudding Lane）的一家面包房着火了。塞缪尔·佩皮斯早上7点就起床了，但他对窗外的景象不太在意。而只有当灾难的消息由惊恐的呼叫者们散播时，他才走向伦敦塔，以获得一个有利于观察的位置。然后，他坐上一条小船，向西划去，来到已经着火的桥下。直到现在，他才明白灾难的严重性。一股强劲的东风将大火吹到了首都的中心地带。市民们拥向河岸，将财产搬到船上。佩皮斯命令船夫全速驶往威斯敏斯特，并向

> 查理还带着一袋金币,用来奖励那些英勇的人。

▲ 斯坦霍普·亚历山大·福布斯为大火所作的壁画被安放在王室交易所中

国王报告。查理没有意识到这场危机,因为弯曲的河道掩盖了城市的景象。他会有什么反应?

答案是"灵活而又有力"。查理立即命令市长拆除建筑物以阻止火势蔓延,并答应派兵援助他。下午,查理顺流而下亲眼目睹了这场灾难。他在昆海斯(Queenhythe)着陆,与难民们交谈以获得详细的信息,并敦促每个人拆掉大火沿途的建筑。他离火场不到100米,在助人心切时对危险毫无忧惧。

回到威斯敏斯特后,查理召集了一群枢密院官员起草一项活动计划,以对抗伦敦的这场灾难。一个总部在霍尔本(Holborn)伊利之家(Ely House)的委员会被任命,总部就位于这座城市的西墙外。从这里,一群群士兵和志愿者

▲ 大火中滚滚浓烟。T. 威克画

被派往各个地方以检查火势的进展。

周一，查理花了大部分时间来防止另一场悲剧的发生。狂风带着像雨点一样的火花冲向威斯敏斯特，白金汉宫和政府的所有办公室都有可能被点燃。查理督察了查令十字路口的防火工事，并派人扑灭所有到达舰队街西端的火焰和浓烟。

查理周二早上的头件事就是和他的兄弟约克公爵回到了城里。他们骑来骑去，敦促消防队员，有时也会从马上下来加入到传递水的人群中。查理还带着一袋金币，用来奖励那些英勇的人。

大火现在已经烧过了东墙，伊夫林在他出版的日记中生动地写道：

> 燃烧仍在继续。我骑着马，看它燃至内殿。舰队街（Fleet Street）、老贝利街（Old Bailey）、路德盖特山街（Ludgate Hill）、沃里克巷（Warwick Lane）、纽盖特街（Newgate）、保罗街（Paul's Chain）、沃特林街（Watling Street）全都燃烧着，它们的大部分都化为了灰烬。保罗街的石头像手榴弹一样乱飞，铅在街道上融化成一条小溪，阻隔了所有的通路，以至于马和人都不能通过。东风更加猛烈地驱使着火焰向前，除却上帝全能的力量，什么也阻止不了它们，因为人类的努力是徒劳的。在第五大道，火穿过了白厅，那时宫廷里一片混乱。很高兴陛下能命令我和其他人一起去清理束缚巷（Fetter Lane）的尽头，以维护（如果可能的话）属于霍尔本的那部分。

查理无处不在。超过30个小时，他没有休息，骑行在首都的北部地区，到目前为止，大火还未波及那里。他给下游的船坞发了信，从海军的仓库里买了些面包给无家可归的人和穷人吃。他下令解救聚集在北部摩尔菲尔德（Moorfields）和斯比塔菲尔德（Spitalfields）临时营地的数百名公民。他开始设立救济基金。

当他回到威斯敏斯特时，他的衣服又湿又泥泞，他的脸也被煤烟熏黑了。

紧急情况通常会激发人们最好的一面和最坏的一面，1666年9月的情况就是如此。好心的人们从周围的国家赶来，帮助那些无家可归的人。而有些人只能想到自己。在大火初期，查理敦促当局炸毁一些还未被点燃的房屋，以便制造出比仅靠拆毁房屋更大的空隙。伊夫林反感地写道："固执而又贪婪的人如市议员等，是不会允许的，因为他们的房子一定首当其冲。"

到了星期四，风终于停了。再加上火药炸毁房屋加快了拆除工作，最终大火得到控制。然而，由于不时有火焰从灰烬中冒出来，所以仍然需要保持警惕。

国王来到伦敦塔，查看大城堡内木质建筑的破坏情况。虽然火势已朝相反的方向蔓延，但仍有可能在主要储存火药的兵工厂附近发生二次火灾。如果它们爆炸，造成的破坏将是难以想象的。

对伊夫林来说，另一件"确实无法想象"的事情是："国王和公爵的警觉和行动是多么非凡，他们亲自劳动，亲自指挥，下达命令，奖励和鼓励工人，通过这些，他对人民表示了爱，并获得了他们的爱。"

他的声望能否持续将取决于三个非常特殊的因素：查理如何重建被夷为废墟的城市，他是否准备努力改善自己的公众形象，以及他的好运能否持续。

毫无疑问，国王满腔热情地投入到重建的艰巨任务中。超过383英亩[①]的城市废墟，13000栋房屋、89座教堂（包括大教堂），以及同业公会、其他团体和公共的建筑被夷为平地。挑战是巨大的，但也同样是充满机遇的。

在他的旅行中，查理曾参观并欣赏了一些欧洲最令人印象深刻的城市，他的想象力为"凤凰伦敦"从灰烬中浴火重生的前景所激发。他对建筑感兴趣，并有几分建筑天赋。没过几天，枢密院委员会就成立了，并与市政官员携手合作。查理经常参加他们的会议。他对新城市的设想包含了一次彻底的反思：将石块和砖块建造的房屋直接连接起来。遗憾的是，这是不可能的。成本意识和保守思想确保了伦敦的大部分旧貌得以保留。

查理找到了一位天才建筑师，克里斯托夫·雷恩爵士（Sir Christopher Wren），他与查理有着同样的审美偏好——巴洛克风格和欧洲大陆流行的古典复兴风格。雷恩和他的办公室起草了计划。查理敦促枢密院委员会仔细考虑伦敦重建的问题，并通过发布公告、支持特定项目和注入政府微薄的资金等方式支持他们。

新伦敦的重建工作进行得很快。雷恩的教堂，当然还有具有革命意义的圣保罗大教堂，都暗示了如果查理和雷恩的愿景得以实现，将会发生什么。伦敦人知道他们的国王已经尽力了。1674年，他们用"自由伦敦城"的称号来承认这一点，查理是历史上唯一一位获得过这一殊荣的在位君主。

在另一项努力中，查理就没那么成功了。他

> **查理找到了一位天才建筑师，克里斯多夫·雷恩爵士，他与查理有着同样的审美偏好。**

---

① 1英亩≈4046.86平方米

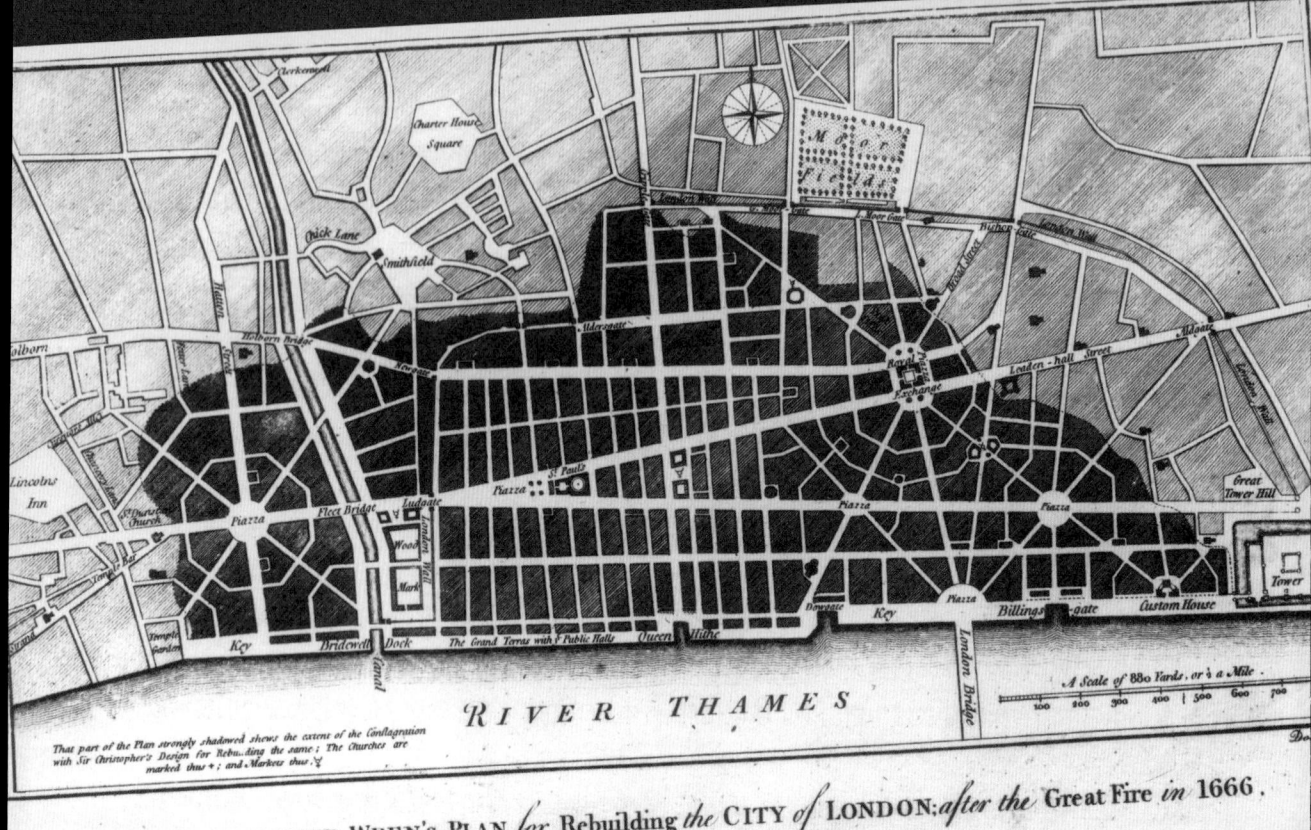

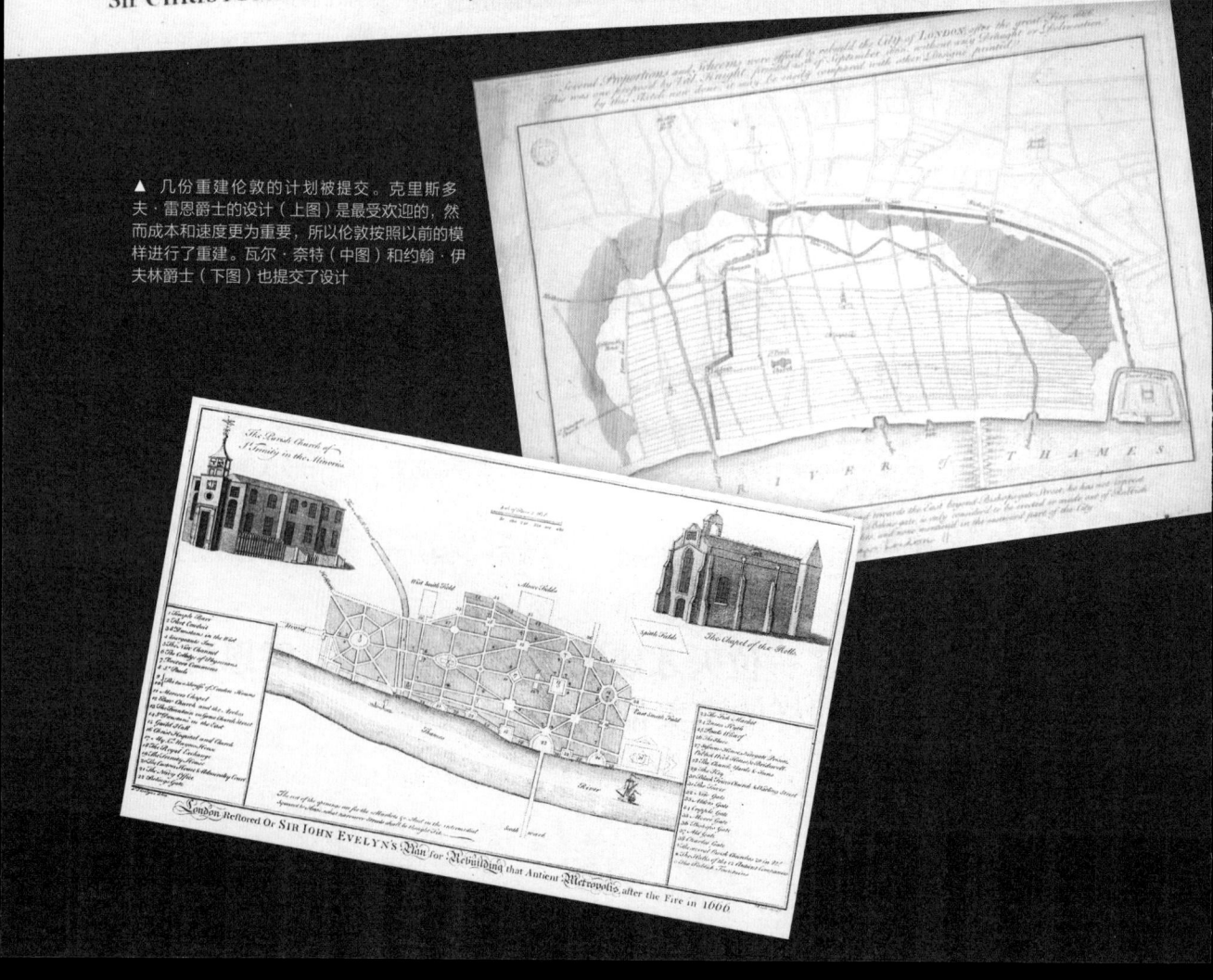

▲ 几份重建伦敦的计划被提交。克里斯多夫·雷恩爵士的设计（上图）是最受欢迎的，然而成本和速度更为重要，所以伦敦按照以前的模样进行了重建。瓦尔·奈特（中图）和约翰·伊夫林爵士（下图）也提交了设计

无法消除正在传播的谣言。17世纪的人们总是喜欢追根溯源。当灾难发生时，他们相信一定是有原因的。它可能被解释为一种神圣审判的行为，或魔鬼的诱导，或邪恶人的阴谋。在这个案例中，各种理论都得到了支持。有些人甚至认为这应该归咎于天主教徒。其他人则指责再洗礼派。一些人把责任归咎于法院的不敬神行为，激起了神的愤怒以进行报复。

早在9月6日，查理就骑马到梅菲尔德（Mayfair）向驻扎在那里的难民讲话，鼓励并承诺政府会支持他们。但他的主要目的是让沮丧的人相信火灾是上帝的意志而超出了人类的理解，他们的困境不是阴谋的纵火犯造成的。但几乎没有人相信。这场大火扩大了已经存在的分歧，后来又引发了一场不同以往的大火——一场威胁到国王的政治火海。

查理的好运并没有持续多久。与荷兰的战争进行得很糟糕。他与议会的关系持续恶化。当然，他放荡的行为也没有得到丝毫的改善。

▲ 查理一直统治到1685年他突然去世的那天

路易十四世向詹姆斯提供了波兰王位，但詹姆斯拒绝了，因为接受意味着他要再次放弃成为英格兰国王。

介绍

詹姆斯二世

英格兰最后一位天主教君主詹姆斯二世将其统治的大半时间花在了与议会的斗争上。

时间线

1633

● 未来的国王
英国国王查理一世的妻子、法国的亨利埃塔·玛丽亚在伦敦市中心的圣詹姆斯宫（St James' Palace）生下二儿子詹姆斯。
1633年10月14日

● 安全守护者
在艾芝西尔（Edgehill）战役中逃脱后，詹姆斯仍然生活在牛津市的一个保皇党据点。在这里，他被大学授予艺术硕士学位。
1642年10月

● 新的头衔
作为君主在世的第二个儿子，詹姆斯根据传统被父亲正式封为约克公爵。
1644年1月22日

● 牛津的围攻
保皇派在和议会谈判后放弃牛津。作为协议的一部分，约克公爵詹姆斯将被监禁在圣詹姆斯宫。
1646年5月—6月

● 詹姆斯的出逃
经过两年监禁之后，詹姆斯在保皇派士兵约瑟夫·班普菲尔德（Joseph Bampfield）的帮助下逃脱了。打扮成女人的詹姆斯逃到了海牙。
1648年

● 秘密婚姻
詹姆斯与惹人注目的、怀孕的安·海德（Anne Hyde）秘密结婚。她生下了未来的女王玛丽和安。
1660年9月3日

● 排除危机
出于对其天主教信仰的担忧，许多人希望其议会排除詹姆斯在王位继承名单之外，并希望王位由查理二世的私生子詹姆斯·斯科特（James Scott），即蒙茅斯公爵（Duke of Monmouth）一世继承。但继承顺序最终并没有改变。
1679年

● 新的妻子
詹姆斯与第二任妻子摩德纳（Modena）的玛丽结婚，她是一位虔诚的意大利天主教徒。詹姆斯于11月21日到达英国。
1673年9月20日

● 天主教的继承人
詹姆斯和安秘密地皈依天主教。1673年，他拒绝以反天主教的方式宣誓并辞去了海军上将的职务。
1667年

● 黑麦房阴谋
为了将詹姆斯排除在继承权之外，一群辉格党极端分子计划杀死詹姆斯及查理二世。当阴谋被发现后，埃塞克斯伯爵（the Earl of Essex）自杀了，而罗素勋爵（Lord Russell）和阿尔杰农·西德尼（Algernon Sidney）被判处死刑。
1683年

● 新的国王
查理二世死后没有留下继承人。因此，詹姆斯成为英格兰的詹姆斯二世和苏格兰的詹姆斯七世。
1685年2月6日

● 塞奇莫尔战役
詹姆斯的王位继承受到了查理二世的长子蒙茅斯公爵的挑战，并引发了蒙茅斯叛乱。詹姆斯在塞奇莫尔（Sedgemoor）战役中击败了他。
1685年7月6日

● 光荣革命
由于担心国王信奉天主教，议会密谋推翻了国王，让他的长女玛丽及其丈夫奥兰治（Orange）的威廉取代他。詹姆斯被迫前往法国。
1688年

● 新的王子
詹姆斯的第二任妻子玛丽生下一个儿子——詹姆斯·弗朗西斯·爱德华（James Francis Edward）。英格兰开始担心国家的前景。
1688年6月10日

● 宗教宽容
詹姆斯发表了他的《宽容宣言》，旨在建立宗教自由。
1687年4月4日

● 议会不开
由于他们拒绝支持他的《宣誓法案》（Test Act），詹姆斯在解散议会之前，将议会休会一年半。在他统治的剩余时间里都不会召开议会会议。
1685年11月

● 爱尔兰的支持
从理论上讲，詹姆斯仍然是爱尔兰的国王，他来到此地试图寻求一些支持，以便收回英格兰。
1689年

● 波尼战役
为了夺回王位，詹姆斯和他的天主教同盟在都柏林以北30英里处与奥兰治的威廉交战。詹姆斯惨败，而北爱尔兰的新教徒7月12日仍然在庆祝威廉的胜利。
1690年7月1日

● 暗杀企图
一群詹姆斯党人密谋伏击杀死威廉三世。不幸的是，他们被发现了，对詹姆斯的支持也开始动摇了。
1696年

1701

最后一口气
詹姆斯在流放中死于法国圣日耳曼昂莱城堡。
1701年9月16日

最后的
天主教国王

作为统治新教国家的天主教国王，詹姆斯二世拼命想联合各宗教。

作者：德雷克·威尔逊

詹姆斯是查理一世在世的第二个儿子，和他的哥哥一样因议会领导的革命而流亡。他在法国军队服役，证明了自己是一个勇敢且能干的指挥官。他也是个好色之徒。他的战利品包括查理王子高级顾问（即后来的克拉伦登伯爵，Earl of Clarendon）的女儿安·海德（Anne Hyde）。在王朝复辟前，安怀孕了，詹姆斯答应娶她。婚礼于1660年9月秘密举行。他们最终只有两个女儿——玛丽和安存活了下来。

在查理二世统治早期，詹姆斯似乎不太可能继承王位。然而，查理二世的妻子流产了三次，此后被证明无法继续生育。因此，作为查理二世的弟弟，詹姆斯继承王位有了更大可能性。

詹姆斯是个隐藏的天主教徒，1671年妻子去世后，他公开宣布效忠天主教。两年后，他再次结婚，娶了一位意大利天主教徒，摩德纳的玛丽公主为妻。这引起了人们对天主教徒可能会继承王位的担忧。查理国王下令，詹姆斯的两个女

▲ 博茵河战役失败后，詹姆斯在法国度过了他最后的时光

▲ 詹姆斯在第一次流亡法国期间信奉了天主教

（the Duke of Monmouth）——查理二世的私生子领导。他们都被打败了——头目被处决，数百名追随者被处死或流放到海外。

对"蒙茅斯叛乱"的镇压尤为严厉。它被托付给最近被詹姆斯提升为贵族的乔治·杰弗里斯（George Jeffreys）。杰弗里斯对被俘的叛乱分子进行了强有力的审判，他们被称为"血腥法庭"（Bloody Assizes）。大约300名囚犯被吊死或绞死。800多人被运送到不卫生的监狱，死亡人数不详。詹姆斯必须为蒙茅斯叛乱的野蛮镇压承担责任。按照惯例，国王会赦免一些向他呼吁的违法者。但詹姆斯不仅拒绝宽恕，还支持杰弗里斯的严厉政策，将他提升为大法官。

这些抗议运动的失败，促使詹姆斯更加坚定地将自己的意志强加于王国。国王为对付叛乱增加了军队，但危机结束后，他不仅拒绝缩减军队

儿必须成为英格兰国教会的成员，而玛丽嫁给了信奉新教的荷兰王子奥兰治的威廉。人们普遍担心，困扰这个王国150年来的宗教冲突会卷土重来。有两项原则受到了威胁：君主决定国家宗教的权力和人民信仰自由的权利。议会的大多数人希望通过对英格兰国教的效忠来统一国家。一贯务实的查理二世知道，他的臣民中有相当多的人不是新教的反对者（非国教者）就是天主教徒，因此他努力采取一定程度的宽容政策。相比之下，詹姆斯是一个真诚和热心的天主教徒，一个独裁者。1685年查理死后，他登上王位，决心恢复英格兰和苏格兰对教皇的忠诚。

1685年2月6日，他登基时的立场很明确：非国教徒和新教徒如果拒绝按照国教的规定做礼拜，将被排除在所有公职之外。同年6月，在苏格兰低地发生了由阿盖尔伯爵（Earl of Argyll）领导的新教起义，英格兰西南部由蒙茅斯公爵

▲ 血腥审判判处多名造反者死刑

两次起义都被击败了——头目被处决，数百名追随者被处死或流亡。

规模，还要求议会投票通过其税收法案为军饷买单。他还在罗马天主教少数派中任命了几名高级军事官员。当英格兰和苏格兰议会都为担心会回到查理一世的独裁政权而表达不满时，詹姆斯让他们停会了。

1687年4月4日，他发布《宽容宣言》，暂停所有针对非国教成员的刑法。他声称这是为了让他的臣民享有信仰自由，但与此同时，他又任

博茵河战役
詹姆斯在爱尔兰的最后一战

詹姆斯重夺王位的最好机会是利用爱尔兰作为进攻英格兰和苏格兰的基地，因为爱尔兰人主要是天主教徒。1689年3月，他在爱尔兰登陆，但近乎一年没有军事行动。

1690年6月，威廉抵达卡里克弗格斯。面对詹姆斯党人的威胁，他率领训练有素的36000人向南进军。詹姆斯的小部队，包括法国士兵和许多爱尔兰农民志愿军，向博茵河挺进以阻挡威廉的去路。这场战斗是为了争夺德洛格达附近一处浅滩的控制权。威廉试图在拉夫格兰的侧翼转移敌人的注意力。詹姆斯派出了一支庞大的分遣队来应对这一威胁，但一个深且泥泞的峡谷阻止了两支部队的交锋。威廉的主力部队穿过奥德布里奇的博茵河，但随后被詹姆斯党人的骑兵制服。这使得詹姆斯的军队能有序地向杜立克撤退。

如果詹姆斯做出更积极的回应，可能会产生不同的结果，但撤退的命令使他的许多士兵士气低落，他们干脆就离开了。两天后，威廉进入都柏林，詹姆斯踏上了永远的流亡之路。

▲ 詹姆斯在博茵河战役中带领军队战斗

命天主教徒担任有影响力的职位，并相信一旦解除了束缚，人们就会拥向罗马教会。日记作者约翰·伊夫林指出，此举显然是为了"摧毁英国国教……最终结果如何，只有全能的上帝知道，但这看起来很混乱"。许多神职人员拒绝向他们的宗教团体宣读宣言，七位主教请求国王收回宣言。1688年6月29日，詹姆斯以煽动叛乱罪逮捕了他们。人群拥向法院，外面的街道上挤满了人。当宣判无罪时，人们欣喜若狂。炮声隆隆，篝火熊熊。詹姆斯的受欢迎程度前所未有的低落。

但同月发生的另一件事决定了国王的命运。6月10日，玛丽女王生下一名健康的男婴。大多数臣民所惧怕的要应验了——一个真正令人担心的天主教王朝将要建立。反对势力如此强大，人们对国王缺乏信任，因此流传着一个毫无根据的谣言，说孩子不是他的。故事是这样的：一个婴儿被装在一个暖锅里被偷偷带进了女王的卧室。

所有这些国内活动都是在复杂的外交政策背景下进行的。在欧洲政治舞台上的主要人物是太阳王（the Sun King）路易十四。他自1643年开始担任法国国王，在他的领导下，法国在海外

有人建议威廉做一件不可思议的事——领导一场反抗詹姆斯的起义。

进行了长期的军事和政治扩张,并在国内实现了天主教信仰的复兴。1680年前后,他的权力达到了顶峰。他扩大了法国的东部和北部边界,通过废除《南特敕令》(Revocation of the Edict of Nantes,1685年),他宣布所有非天主教徒不得进入他的领土。结果,20多万胡格诺派教徒(法国新教徒)移民到其他国家。

路易一直是斯图亚特家族的朋友,在克伦威尔统治时期为他们提供庇护,提供财政补贴,使他们能够抵抗议会的压力。但到了1685年,太阳王却陷入了困境,其他国家憎恨他强势的权力,担心他会发动天主教攻势,威胁非天主教国家的自由。

此时,出现了反抗路易的起义,其名义上的领袖是奥兰治王子威廉——荷兰共和国的统治者,詹姆斯的侄子和女婿。威廉是坚定的新教徒。路易国王对这桩婚姻非常愤怒。"你把你的女儿嫁给了我的死敌",他在给詹姆斯的信中大发雷霆。他是对的。威廉政策的基石是建立在足以对抗路易的联盟上。这个联盟必须包括英格兰。

詹姆斯与路易的友谊,对玛丽的爱,以及对

▲ 乔治·杰弗瑞斯法官是这次血腥审判的五名法官之一

▲ 安·海德在嫁给詹姆斯后信奉天主教

▲ 法国国王路易十四的统治超过了72年

罗马天主教的热爱，都将他推向了歧路。1685年，法国军队占领了威廉的奥兰治公国。按照路易的命令，他们在破坏和屠杀的基础上，又增加了宗教迫害，他们当众焚烧《圣经》，并试图用武力胁迫俘虏改信罗马天主教。当威廉请求他的岳父提出抗议后，詹姆斯在凡尔赛的陈述便软化且无效了。

两年后，这次轮到威廉不愿意合作了。作为一家之主，詹姆斯要求他的女儿和女婿支持他1687年的《宽容宣言》。威廉的回答简短而又坚定：“我不能做这种使我良心不安之事，这不仅是为了英国王权，也为了整个世界。”

那时，詹姆斯已经不太受欢迎了。许多持不同政见的人和国教成员移居到了小国家。有人建议威廉做一件不可思议的事——领导一场反抗詹姆斯的起义，目的是把王位传给玛丽。随着时间的推移，他们更频繁地催促威廉，因为他们认为詹姆斯将在他庞大的军队和天主教的战略要员的支持下，强力武装自己，像他父亲那样建立教皇式的暴政，废除玛丽的继承权。而威廉暂时拒绝作答。

气氛越来越紧张，但似乎只有詹姆斯没有察觉。他不相信叛国罪会在他自己的家族中抬头，并确信这个国家无意再次爆发内战。他的政策变得越来越咄咄逼人，因为詹姆斯坚信他的事业是神圣的。一个男性继承人的安全诞生似乎是上帝赐福无可辩驳的证据。这孩子优先于所有其他的王位继承者，其中包括詹姆斯的女儿玛丽和安，以及威廉王子（查理一世唯一的孙子）。一下子，天主教徒的继承权就得到了保证。如果反对派要采取行动，那必须当机立断，不能再延迟了。

1688年6月30日，街道上挤满了人群，为庆祝七主教——阿瑟·赫伯特（Arthur Herbert），他是一位海军军官，已升至海军少将军衔，但最近被国王解雇了——无罪开释。阿瑟·赫伯特穿过北海，将七大贵族和教会人士签署的邀请函（密码信）带给威廉，要求王子入侵，并承诺自己组织军队支持他的事业。威廉接受了邀请，但并不急于去英国。他谨慎地制订计划，与这些在英国支持率稳步上升的阴谋者保持密切联系。

更值得考量的是路易十四的反应。他会来帮助詹姆斯吗？尽管路易十四现在面对的是七个欧洲国家联合组成的奥格斯堡同盟（the League of Augsburg），但他还是向他的英国朋友提供了军事和海军特遣队。令人惊讶的是，詹姆斯拒绝了。

此时，詹姆斯处于一种混乱的状态。当他疯狂地投入到军事准备和组织令人印象深刻的军队阅兵时，他对政治和宗教上的对手做出了一系列让步。他夸口说，他已准备好面对任何军事威胁，并相信臣民会支持他。但在私下里，他可能还抱着自认为合理的希望，希望威廉不要在北海因大风而闻名的秋天冒险出航。

10月29日，奥兰治的威廉起航。旅程之初，一场猛烈的暴风雨就来了。他那艘被撞坏的船被迫一瘸一拐地返回陆地。看来詹姆斯的"天主教风"拯救了他。他让自己放松下来。但是威廉已经下定决心，现在不能放弃远征。11月11日，整修一完成，舰队就又起航了。四天后，威廉在托贝（Torbay）登陆。他率军慢慢东移，准备迎接一场从未有过的战斗。英格兰已经没有人支持国王了。

光荣革命

受到邀请的奥兰治王室从众叛亲离的詹姆斯二世手中夺取了王位。

1066年,诺曼征服的细节在英国人的集体记忆中历历在目,但另一场影响更大的入侵却常常被遗忘。这是奥兰治家族的威廉亲王的入侵,怒火中烧的贵族要求威廉将斯图亚特家族从他们的国家中驱逐出去,恢复权力平衡。由于辉格党历史学家支持这场革命,这场革命被称为"光荣革命",也被错误地视为一场不流血的革命。英格兰的战争确实被控制在最低水平,而苏格兰和爱尔兰的起义却是非常血腥的。无论付出多大代价,1688年的革命都永远改变了英格兰、苏格兰和爱尔兰的王室、政治和宗教面貌。

自英国内战和1651年奥利弗·克伦威尔成为护国公以来,国王和议会之间一直存在着宿怨。查理二世在复国期间不得不应对这些紧张局势,天主教国王与新教贵族之间的冲突更不用说。他和他的兄弟——国王詹姆斯二世,都必须应对来自新教贵族和辉格党对"天主教会"的普遍恐惧。

◀ 威廉和玛丽的加冕礼

人们担心，在不列颠群岛乃至整个欧洲，有一场天主教阴谋正在酝酿之中，天主教试图控制教会和国家。这一阴谋将使英伦三岛受到强大的天主教国家的影响，如在这一时期拥有可怕权力和影响力的法国。像1605年被挫败的火药阴谋和1678年至1681年的假教皇阴谋等案件都加剧了人们的担忧。更糟的是，查理二世没有留下合法继承人，他公开信奉天主教的兄弟现在是王位继承人。辉格党政客们以其宗教信仰为由要求将詹姆斯排除在继承人之外，但遭到了保守党议员的反对。为了解决这个问题，查理解散了议会，1685年他死后，詹姆斯继位。

查理二世的私生子蒙茅斯公爵在争夺王位时，逐渐削弱了詹姆斯早期的统治和支持。尽管蒙茅斯在几个月后被击败，但由于詹姆斯废除了禁止天主教徒担任公职的禁令，并提拔天主教徒军官引发了常备军的不信任，国王的支持率下降。在此期间，詹姆斯还试图让他的女儿信奉天主教，但遭到了坚决拒绝。玛丽支持她的新婚丈夫对法国的战争，并公然无视詹姆斯的政治倾向。

詹姆斯的女婿最终策划了他的垮台。威廉亲王是奥兰治家族的成员，他是"沉默的威廉"（William the Silent）之子。"沉默的威廉"曾

法英与世界的对抗
太阳王的巨大力量是如何毁灭斯图亚特王朝的

17世纪，宗教和政治几乎是不可分割的，主要分界线是天主教和新教国家。詹姆斯二世作为一个公开信奉天主教的人，与被称为"太阳王"的法国国王路易十四结盟。

这位强大的君主，虽然是一个令人敬畏的盟友，却与欧洲大部分地区以及奥格斯堡同盟（League of Augsburg）交战。奥格斯堡同盟是神圣罗马帝国、西班牙和荷兰共和国为了共同抵御法国而结成的联盟。法国人威胁到帕拉丁领地（Palatinate）的选民，路易很快就与奥地利皇帝利奥波德一世（Leopold I）交战。

这一联盟导致了詹姆斯的垮台，因为法国军队已经从荷兰边境撤退，威廉知道自己不会受到来自欧洲的威胁，可以自由地调集军队向英格兰进军。然而，在威廉登基并使欧洲陷入九年战争之后，路易并没有坐视不管。

为了支持流亡在外的詹姆斯在爱尔兰的军事行动，法国还开始着手对付"大联盟"（Grand Alliance）。加入该联盟的还有信奉新教的英格兰，以及许多德国和意大利的公国。1697年9月，在大约10万人死亡的情况下，双方都在努力取得任何有意义的进展，最终在荷兰共和国的里斯维克（Ryswick）签订了和平协议。

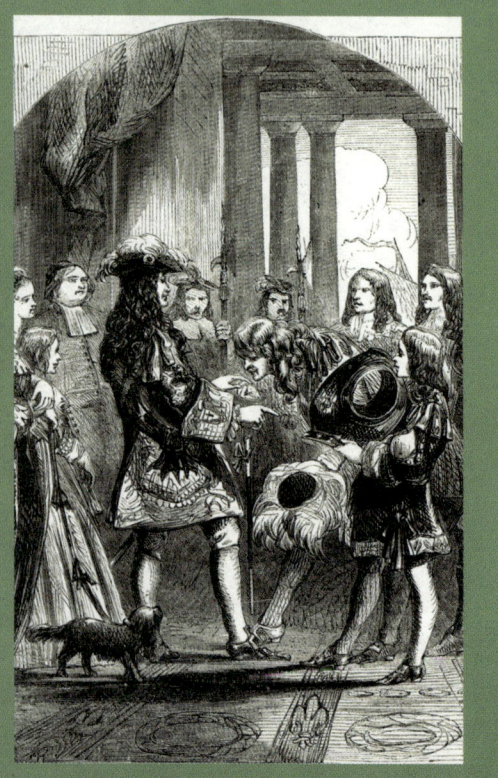

▲ 詹姆斯和路易十四的友谊和联盟导致了前者失去王位

▲ 1689年2月，威廉和玛丽加冕为联合君主

将信奉天主教的西班牙人赶出荷兰，建立独立的新教荷兰共和国。

战争已在欧洲酝酿，强大的法国国王路易十四与威廉不和。威廉担心詹姆斯会支持他在欧洲大陆的天主教盟友路易十四，但因他的妻子是英国王位的第二顺位继承人，情形有些缓和。这一切在詹姆斯有了儿子后都变了。这位新继承人可能会以天主教徒的身份长大，在王位继承人的位置上把玛丽挤到一边，这意味着法国将获取更多支持，也意味着威廉在欧洲的地位正处于刀口。玛丽实际上认为詹姆斯儿子的出生是一个骗局，目的是夺走她的遗产。威廉明白，如果他和他公国的未来要得到保障，就必须采取行动。

威廉决定动身去伦敦驱逐詹姆斯并统治英国。外国入侵者强行夺取王位不会为他赢得民众的支持，所以威廉要求英格兰的领导人物向他发出邀请，以使他的王位申请合法化。有七个人向威廉伸出了援助之手，他们是施鲁斯伯里公爵（the earls of Shrewsbury）、德文郡公爵（Devonshire）、丹比（Danby）、伦利子爵（Viscount Lumley）、伦敦主教、爱德华·罗素（Edward Russell）和邀请信的作者亨利·悉尼（Henry Sydney）。这些人被称为"不朽七人"（the eternal Seven），他们主要是维护议会权力的辉格党成员和两名信奉君权神授的托利党成员。他们的请求很简单：把国家从天主教暴君手中解救出来。"我们有充分的理由相信，我们而今每况愈下，也更无力保护自己……首先，人们普遍不满意目前政府的行为与他们的宗教自由和属性（已经被严重侵蚀），他们的前景正在变得愈发糟糕，殿下，您可以相信整个王国有二十分之十九的人都渴望改变。"

由于坚信有民众的支持，加上宣传的准备，威廉带着四倍于西班牙无敌舰队规模的庞大军队从大陆出发前往英格兰。

1688年11月5日，威廉在托贝（Torbay）顺利登陆，这多亏了当时的天气。它后来被称为"新教之风"，因为这意味着詹姆斯无法与登陆的海军对抗。无论是巧合还是有意为之，他登陆的日期正好是火药阴谋被挫败的那一天，也是当

▼ 光荣革命前夕，威廉三世从荷兰港口海勒富特斯勒斯（Hellevoetsluis）起航前往英国

时天主教阴谋被挫败的那一天。

詹姆斯对威廉登陆的消息不以为然。国王的健康状况已经很差，现在又被流鼻血和优柔寡断困扰。他的神经变得如此紧张，以至于他没有在索尔兹伯里与威廉决一死战，也没有阻止入侵，而是撤退到伦敦，在遭受打击之前就确信自己一定会失败。

威廉和他的军队在英格兰南部见证了一系列反天主教的暴乱。再加上大批人从保皇派逃到奥兰治派阵营——包括国王的女儿安公主——这使詹姆斯相信他应该逃离这个国家。他想去法国的企图被肯特（Kentish）渔民阻止了，并把他送回了伦敦。他又进行了第二次逃亡，威廉需要除掉詹姆斯但又不愿杀死自己的岳父，便让詹姆斯逃跑以便巩固自己的统治。

现在威廉和整个国家都面临着一个问题：议会只能由国王召集，而国王现身处法国。1689年1月，威廉召集上议院议员开会。威廉拥有维系国家的唯一力量——军队，他能够向议会施加压力以确保自己和妻子成为共同的统治者。关于詹姆斯是在逃离首都时退位还是暂时放弃王位，人们争论颇多。后者会让人看到摄政的倾向，而不是一个新的君主加冕。在25000人的支持下，威廉强行贯彻了他的意愿，还制止了让玛丽担任女王而把自己降为配偶的请求。

1689年2月13日，威廉和玛丽双双登上王位，共同统治，但在此之前，他们宣读了《权利宣言》（the Declaration of Rights）。这份文件虽然不是他们获得王位的条件，但现在以《权

▲《致威廉的请柬》的作者亨利·悉尼是一位老练的政治家

利法案》（the Bill of Rights）之名被载入英国法律。该法案结束了君主专制的威胁，给予了人民一些权利，呼吁更频繁地召开议会和言论自由。即使在今天，该文件仍被视为公民自由发展的里程碑，并启发了之后类似的文件，例如《美国宪法》（the US Constitution）。

这是历史上第一次也是唯一一次，英格兰和苏格兰由联合摄政王统治，而且至少在理论上，玛丽二世和她的丈夫拥有同样的权力和地位。

介绍

威廉三世和玛丽二世

让我们踏入英格兰的迷人宫廷吧

时间线

1650

● **威廉的父亲去世**
威廉三世的父亲、奥兰治的王子和总督威廉二世在他出生前八天死于天花。这个准君主独裁制王国，一个现代早期商业、贸易和思想的大熔炉，现在部分掌握在威廉二世未出生的孩子手中。
1650年11月6日

● **奥兰治的王子**
在海牙（The Hague）的内廷宅邸（Binnenhof Palace），奥兰治王子威廉二世和查理一世的长女、皇家公主玛丽生下了奥兰治王子威廉和纳索伯爵（Count of Nassau）。
1650年11月14日

● **女王诞生**
在圣詹姆斯宫，约克公爵詹姆斯（未来的詹姆斯二世）和他的第一任妻子安·海德生下了约克的玛丽公主。
1662年4月30日

● **初遇**
威廉三世和玛丽二世首次见面，当时威廉前来安排婚礼。玛丽的父亲詹姆斯是一名天主教徒，他对与一位坚定的新教徒订婚并不感兴趣，但他最终被他的兄弟查理二世推翻。
1670—1671年

● **战或逃？**
在经过数十年关于他信仰天主教的传言和敌人多次试图通过议会手段或者暴力手段推翻其统治的尝试后（例如"王位排除危机"和"蒙茅斯叛乱"），詹姆斯二世最终被迫逃离故土，而玛丽则被邀请担任女王。
1685-1688年

● **嫁给"卡利班"**
玛丽和威廉三世的婚姻是在她的卧室里安排的。她特别担心嫁给一个比她年长十多岁、表情凶狠的男人，她的妹妹安开玩笑称威廉为"卡利班"（Caliban）——莎士比亚《暴风雨》（the Tempest）中的野兽。
1677年11月4日

● **总督**
威廉并不是自动获得了荷兰总督或是管理者的权力。这些身份所需的放肆和共和派的天性影响了他在英国王室的风格。
1672年7月2日至3日

● **《权利法案》**
在白厅的宴会厅，查理一世因为他的人民施行暴政而被处决，他的儿子查理二世在重返王位时举行了奢华的宴会。威廉三世和玛丽二世同意维护《权利法案》，这是君主立宪制的基础。
1689年

● **汉普顿的重生**
威廉三世邀请英国最伟大的建筑师、负责重建圣保罗大教堂的克里斯托弗·雷恩爵士（Sir Christopher Wren）对汉普顿宫进行改造和扩建。
1689—1700年

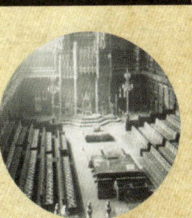

● **辉格党和托利党**
1690年前后，政党组织更为有序，《权利法案》赋予了议会更多自治权。玛丽的妹妹安必须游说议会以获得个人津贴。
17世纪90年代

1702

● **威廉三世之死**
51岁的威廉王子在肯辛顿宫死于肺热（一种从马上摔下来后受伤的并发症）。他于4月12日被安葬在威斯敏斯特大教堂。
1702年3月8日

● **玛丽二世之死**
和她的公公一样，32岁的玛丽二世在病后一个星期，于凌晨在肯辛顿宫（Kensington Palace）死于天花。她的英年早逝被詹姆斯党人利用，他们很快暗示这是上天对她继承父亲王位的惩罚。
1694年12月28日

● **成功的银行**
在威廉三世和玛丽二世统治的后半段，英格兰银行成立了。它以阿姆斯特丹银行（Bank of Amsterdam）为原型并获得皇家特许。
1694年

● **博茵河战役**
就在被废黜两年之后，詹姆斯二世在博茵河对岸的爱尔兰征召军队，试图夺回王位。威廉三世让玛丽二世独自统治，而他成功地平息了叛乱，确保詹姆斯永远不会回来。
1690年7月

玛丽女王时期的动乱

这是一位女王在父亲、
丈夫和国家的责任之间左右为难的故事。

女儿、妻子、女王——玛丽二世，代表了所有这些身份——但它们在带来幸福的同时，也带来了巨大的混乱。玛丽时常禁锢于她的丈夫、国王威廉三世和他们不同寻常地登上王位的阴影下。现在不仅仅要考虑玛丽在联合王国中的角色，还要考虑她作为一个女人在她最爱的人之间挣扎的生活。

1662年4月30日，玛丽出生于圣詹姆斯宫。玛丽和妹妹安一起，与父亲约克公爵詹姆斯有着一种非传统的关系。虽然大多数王室孩子很少和父母在一起，但玛丽和安却经常见到父亲，而且通常是在餐桌上。作为她父亲最宠爱的人，玛丽和父亲关系密切，他们经常一起玩耍——这与她和冷漠而又疏远的母亲安·海德的关系形成了鲜明的对比。

玛丽在叔叔查理二世的统治下长大，她的未来掌握在他的手中。15岁时，她发现自己要嫁给表兄奥兰治的威廉王子，一个相当没有魅力的男人。年轻的公主哭了一天半，她的父亲非常伤心，却什么也改变不了。

虽然不得不搬到荷兰共和国让玛丽伤心欲绝，但她在那里过着非常幸福的生活。她喜欢乡下清新的空气——这些在潮湿、沉闷的伦敦是极度缺乏的。公主爱上了一个荷兰人，而这个荷兰人也对她产生了钦慕之情。

威廉和玛丽的宫廷与在英国和法国宫廷的盛况和虚礼相去甚远。这对夫妇很重视他们的隐私，把他们的宫廷保持得小且私密。玛丽终日处理国事。她在结婚的第一年就怀孕了，但流产令人心碎和痛苦。虽然玛丽再也不能怀有孩子了，但她和威廉的关系最终发展成了爱情。

玛丽逐步经营起来的幸福生活很快就要被打破了。1685年她叔叔去世后，她的父亲登上王位，成为了詹姆斯二世。他奉行旨在重振英格兰天主教的政策，导致与议会的摩擦不断增加。虽然玛丽自己是国教徒，但她并没有被卷入她

▼ 玛丽女王二世是詹姆斯二世和安·海德在世的最年长的孩子

联合君主政体被视为解决这个独特问题的唯一办法。

父亲的争议中,正如威廉那样坐观事件的发展。然而,当詹姆斯的王后、摩德纳的玛丽宣布怀孕时,情况发生了变化。

在此之前,玛丽一直是英国王位的假定继承人——坦白地说,她并不希望扮演这样的角色。未出生的婴儿带来了一个全新的问题。如果它是一个男孩呢?这个男婴不仅会夺走玛丽的王位继承权,而且会毫无疑问地以天主教徒的身份长大。考虑到英格兰的宗教紧张局势,这将是一场灾难。

有关未出生孩子的不安情绪如此之大,以至于有人开始窃窃私语,说这是一个教皇式的阴谋——如果孩子是女孩,就会被秘密地换成男孩。人们对这些谣言深信不疑,以至于安公主完全相信了这些谣言,同时她也影响了玛丽,以致玛丽也相信了这些谣言。

1688年6月,当英国王后生下一名男婴时,新教徒最担心的事情发生了。很明显,所有人都怀疑孩子的合法性,这要归因于自怀孕消息公布以来一直占据宫廷的流言蜚语。现今,国家的宗

▲ 威廉在1688年入侵英格兰

▲《权利宣言》正式授予了威廉和玛丽王位

教前途危在旦夕,玛丽发现自己陷入了困境。

尽管威廉明确拒绝在没有"邀请"的情况下入侵英格兰,但英国政客和威廉之间长达数月的秘密谈判已经达到了白热化的程度。请愿书如期送达,由七位英格兰新教徒领袖签署,他们被称为"不朽七人"。是时候把玛丽深爱的父亲从宝座上撤下来了。

由于不知道威廉入侵英格兰的结果如何,玛丽像担心她的丈夫一样担心着她的父亲。1688年11月,当威廉和他的大军抵达英格兰海岸时,詹姆斯的大部分支持消失了,到12月底,他逃到了法国。

玛丽很快加入了威廉的新王国,却发现他脸色苍白且疲惫不堪。玛丽很关心她丈夫的健康,但他鼓励她要享受胜利的喜悦。像往常一样,玛丽完全按照他的要求做了,她在人前展露欢颜。

玛丽想表达对丈夫的支持,但她的行为让自己受到了残酷和尖刻的批评,说她根本不关心被废黜的父亲。

然而,这与事实相去甚远。玛丽进退两难。她爱威廉,支持他的成就,同时对她深爱着的父亲感到绝望,她说:"我无法忘记我的父亲,我为他的不幸感到悲伤。"即使在詹姆斯在位期间,他的天主教信仰给他带来了麻烦,玛丽仍定期与他通信。他们可能存在宗教分歧,但这并不影响他们之间的亲密关系。

对玛丽来说,詹姆斯并不是每个人都能见到的、对自己的人民造成严重伤害的君主——他是她的父亲,她深爱着他。1689年3月,威廉和玛丽被授予共同治理英国的王位,一个月后举行加冕典礼。现在,父女俩不可挽回地站在了对立面,破镜难圆。

▲ 玛丽的丈夫威廉三世。戈弗雷·科内尔爵士作

联合君主政体被视为解决这个独特问题的唯一办法。理论上，王位应该直接传给玛丽，因为她的同父异母的弟弟被认为是私生子。然而，玛丽不想成为唯一的女王。在她看来，她取代丈夫的地位是错误的，而威廉也不想在妻子面前屈居次席。

两人一致认为联合君主制是最好的妥协，威廉行使权力，而玛丽的出现给人一种尽管发生了革命，合法继承仍延续的感觉。光荣革命虽取得了成功，但威廉和玛丽在英国却变得极其不快乐。玛丽已经回到了祖国，但她在她曾经称之为家的地方却是一个陌生人，而她在荷兰共和国为自己营造了一种有益身心的生活。

她又一次忙于国事，比如整修汉普顿宫，但显然女王更渴望回到她平静的荷兰生活。威廉也渴望他旧有宫廷的私密性，不习惯英国宫廷的繁文缛节。他忙于大量的军事行动，当他不在的时候，由玛丽领导摄政委员会。

玛丽对从政不感兴趣，但她也证明了在丈夫不在的时候，她是一个有能力的统治者。她把一切情况都告诉他，并听从他的指示，决心代他做好工作。女王最自豪的是，自己是一位忠诚的妻子，毫无疑问，她对威廉的支持是至关重要的。

即使扮演很小的角色，玛丽也表现出了高超的技巧。威廉放任妻子去处理诸如政策和任命等教会的事务，因为他的加尔文主义被证明是与教会争论的根源。在她的叔叔和父亲放纵且混乱的统治之后，把英国宫廷带回了虔诚和体面状态的同样是玛丽。玛丽有潜力成为一个伟大的女王，但她对做妻子的追求更为远大。

难怪1694年12月20日玛丽患天花时，威廉失魂落魄。玛丽意识到自己病得很严重，她把所有的文件整理好，把那些她想保密的文件都销毁了。威廉在她的房间里放了一张行军床，他待在她身边，害怕她离开。

在一个短暂的喘息时间，玛丽似乎好转了，也许她没有患可怕的天花。但这只是一种假象，因为女王的情况变得更糟了。她告别了她心爱的威廉，于12月29日凌晨去世。

年仅32岁的玛丽去世，这让她身边的人都心碎了。英国和荷兰共和国的人民都为女王哭泣。威廉伤心欲绝，甚至在她去世几个月后，只要一提到她的名字，他就会泪流满面。他继续独自统治英格兰长达七年，而且从未再婚。

一种非法的爱？

玛丽公主年轻时的信件是如何使她的性取向受到质疑的？

弗朗西斯·阿普斯利出现于威廉之前，是一位女朝臣。当女王还是一个13岁的小公主时，她成了玛丽爱慕的对象。玛丽给弗朗西斯写了80多封充满激情的信，在信中，她称弗朗西斯为她"最亲爱的、亲爱的丈夫"，还有许多其他浪漫的情愫。那么这些书信可以作为玛丽同性恋的证据吗？

考虑到玛丽后来那么爱她的丈夫，这似乎并不可能。正相反，有人认为，玛丽对弗朗西斯那极端的感情是出于她对弗朗西斯的崇拜。公主和她的母亲关系并不亲密，而她的母亲没有向她表示任何爱和感情，比玛丽大9岁的弗朗西斯是这种关系的某种替代品。

由于弗朗西斯的信件已不复存在，所以很难完全了解这两个女子之间的通信内容。我们知道，在玛丽结婚后，这种关系最初还在继续，但当弗朗西斯出嫁后很快就冷却了，没有证据表明这段关系在玛丽继位后仍继续。

弗朗西斯也和安公主保持着类似的通信，对于这一点，玛丽在她的信中表达出了嫉妒。有趣的是，安的性取向以及她与莎拉·丘吉尔的关系在其执政期间也受到了质疑。然而很明显，玛丽是一个全心全意爱着其丈夫的女人。

当安的父亲改信罗马天主教时,安和她的姐姐玛丽在查理二世的教导下被培养成新教徒。

介绍

安女王

斯图亚特王朝最后一位君主和新近联合的大不列颠的首位统治者的人生

时间线

1665
● **公主诞生**
安出生在圣詹姆斯宫，是詹姆斯二世和他的第一任妻子安·海德的第四个孩子。她以英国国教教徒的身份长大。
1665年2月6日

● **安和莎拉相遇**
年轻的安公主遇见了莎拉·詹宁斯（Sarah Jennings），这位婚后改名为莎拉·丘吉尔的马尔伯勒公爵夫人，成为了她一生的朋友和知己。
1675年

● **婚姻为首**
未来的女王嫁给了丹麦的乔治。这对年轻夫妇坠入爱河，并搬到了白厅宫。
1683年7月28日

● **下一个继承人**
在这场可能是历史上最和平的入侵中，安的姐姐玛丽和奥兰治的威廉从荷兰共和国起航，夺取了英格兰、苏格兰和爱尔兰的王位。除非他们有孩子，否则安将是王位的下一个继承人。
1688年

● **确保接班**
安最年长的孩子去世后，议会开始担心王位会传给一位天主教徒。他们通过了《王位继承法》，确保王位将永远传给新教徒。
1701年6月

● **王位继承人**
安的姐姐玛丽去世，没有留下继承人，安成为英格兰、苏格兰和爱尔兰的王位继承人。
1694年12月28日

● **儿子的出生**
尽管有很多死胎，安还是生下了一个儿子。但不幸的是，尽管他是安所有孩子中寿命最长的，但11年后还是去世了。
1689年7月24日

● **非法友谊**
玛丽女王要求安断绝与马尔伯勒公爵夫人的关系。安拒绝了，姐妹俩的关系仍然很不稳定。
1689年年初

翻到第158页

● **西班牙王位继承战争**
西班牙查理二世死后，欧洲为争夺王位展开了一场战争。英格兰与奥地利和荷兰站在一起。
1701—1714年

● **女王万岁**
威廉三世去世后，安登上了英格兰、苏格兰和爱尔兰的宝座。她在国民中很受欢迎，成为女王后不久就赢得了所有人的支持。
1702年3月8日

● **加冕礼**
在登基不到两个月后，安女王的加冕典礼在威斯敏斯特大教堂举行。由于不能走路，她被抬上了轿子。
1702年4月28日

● **詹姆斯党人起义**
詹姆斯·弗朗西斯·爱德华·斯图亚特（James Francis Edward Stuart）和他的法国盟友试图登陆苏格兰海岸，煽动反抗安统治的起义。然而，恶劣的天气和皇家海军挫败了他们的计划，直到1715年乔治一世登基，詹姆斯二世的成员们才尝试了更多的计划。

● **联合英国**
根据《联合法案》（the Act of Union），英格兰和苏格兰合并在一起成为大不列颠，安成为大不列颠和爱尔兰的第一位女王。尽管两国都反对，安仍一直支持英格兰和苏格兰联合。
1707年5月1日

● **布伦海姆**
马尔伯勒公爵约翰·丘吉尔（John Churchill）在巴伐利亚的布伦海姆击败法国。安赠予他钱财买地购房，这房子后成为布伦海姆宫。
1704年8月13日

● **独身**
丹麦国王乔治去世，享年55岁，独留他的妻子安王后悲痛欲绝。她后来没有再婚。
1708年10月

● **失宠**
被朋友的干预弄得筋疲力尽的安剥夺了莎拉的职务。莎拉狼狈地离开英国，继续去欧洲旅行。
1711年1月

● **为汉诺威而待**
《乌得勒支条约》（The Treaty of Utrecht）结束了西班牙王位继承战争，也见证了法国最终承认汉诺威王朝在英格兰的继承权。
1713年4月

1714
● **一个时代的结束**
中风两天后，安女王在肯辛顿宫去世。根据1701年的《王位继承法》，她血缘最近的新教徒亲戚、汉诺威选帝侯乔治，继承了英国王位，成为国王乔治一世，预示着乔治时代的开始。
1714年8月1日

斯图亚特不列颠的政治

安女王怎样尽力稳定其统治时期动荡的政治局势？

历史对大不列颠安女王在任期间并不仁慈——她被描绘成一个意志薄弱、软弱无力的君主。安的生平事迹不仅突出了她个人的悲剧性，也掩盖了她统治时期的诸多成就。

在安在位的12年里，她受到了辉格党和托利党在争夺议会统治权中迸发的激烈政治局势的影响。那么，在这场威胁到英国政府稳定的竞争中，她是如何成功应对的呢？

政治上，安同情托利党，他们是君主制和英格兰教会的坚定支持者。作为一名骄傲的国教徒，女王视他们为在议会中的天然盟友。尽管托利党人对教会忠心耿耿，但他们强烈反对1679年至1681年相继出现的《排斥法案》，该法案试图将安的天主教教徒父亲、未来的詹姆斯二世赶下王位。在他们看来，维护合法继承是一件极为重要的事情。

因此，辉格党发展成为托利党在继承问题上的挑战方。他们因为反对君主制和支持新教异

▲ 安女王是最后一位斯图亚特王朝君主，见证了英格兰和苏格兰的统一

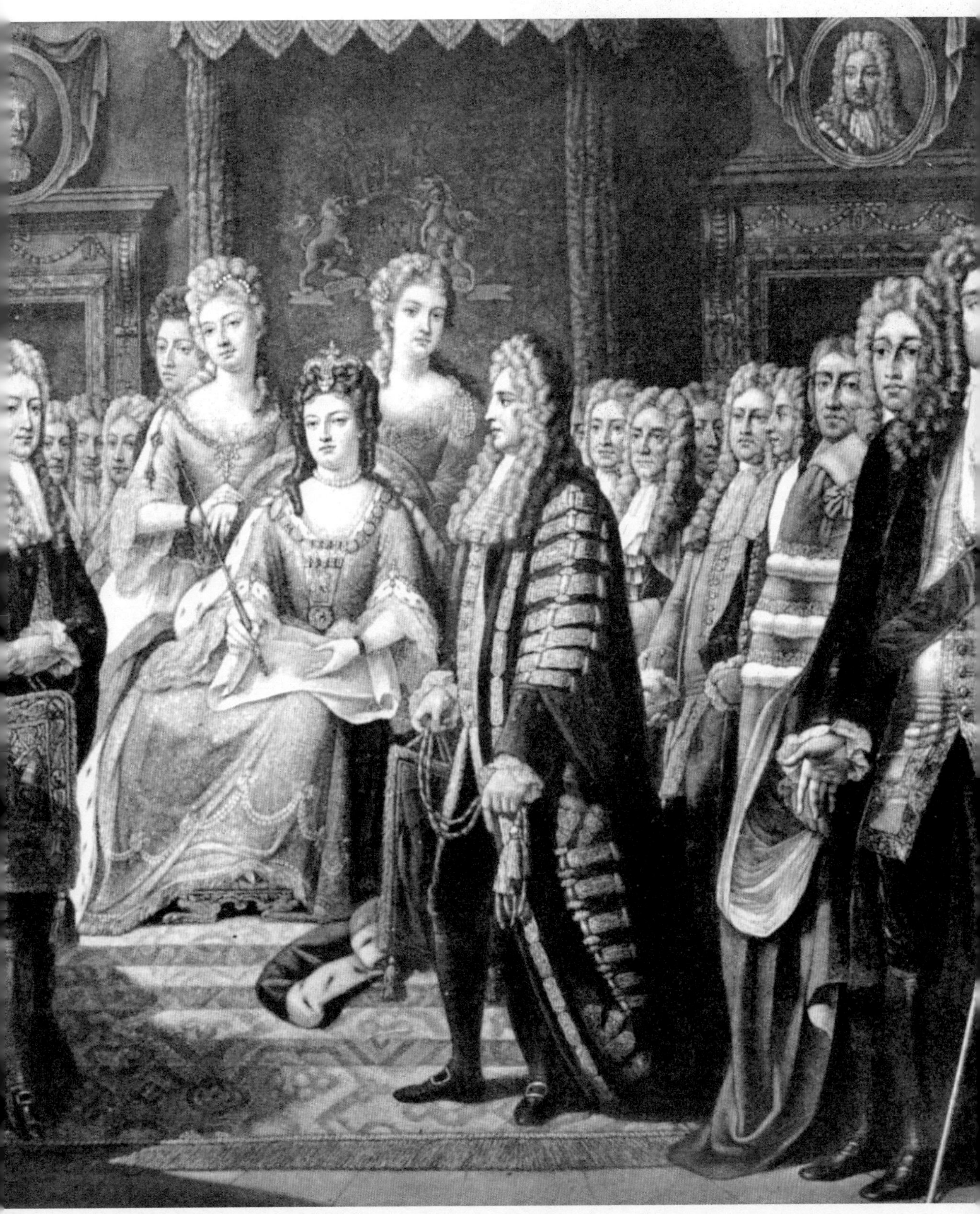

▲ 戈多芬从小就认识女王，在女王统治时期的政治中扮演着核心角色

见者而招致女王的愤怒和不信任。尽管《排斥法案》最终失败了，但它确实标志着两党制政治体系的开始，在安的统治下政府得到了铁腕般的控制。

这场政治混乱的中心人物是马尔伯勒公爵夫人莎拉·丘吉尔。她与安的亲密关系引发了谣言：这两个女人是情人。公爵夫人对女王的影响是显而易见的。毫无疑问，莎拉的丈夫马尔伯勒公爵和他们的朋友戈多芬伯爵（earl of Godolphin）在政府中的崛起，既是由于他们各自的成就，也是由于这种亲密的友谊。马尔伯勒和戈多芬的失败也证明了这种关联，这反映了安和莎拉关系的恶化。

当然，这些众所周知的个人拥戴让女王经常受到质疑，她周围的人会影响她的决定，特别是她的政治任命。处理政府的任命是君主的特权，安认真贯彻这一责任。不可否认的是，她的首届议会里全是托利党人，而作为上议院财务主管的戈多芬领导着这群人。除此之外，马尔伯勒被任命为女王军队的统帅，似乎安的批评者们的谨慎

是正确的——因为，主张她建立一个极端的保守党政府就太过分了。

安女王知道如何将私人生活与政治职责分开。她相信自己有权选择部长，尽管在某些情况下她是被迫这么做的；而且她想要一个温和的政府，没有任何一方的极端主义。

虽然他们是托利党，但马尔伯勒和戈多芬都是温和派，而且比他们的政党更忠于国王。他们和众议院议长罗伯特·哈雷（Robert Harley）组成了一个有效的团队，女王觉得可以信任他们。问题是安登基后保守党在大选中呈现出压倒性的优势，其中许多人是"高托利党"——换句话说，他们是极端传统主义者，他们决心在每个转折点对辉格党予以削弱，特别是1702年的《偶尔遵奉国教法》。

托利党和辉格党之间产生争论的最大原因之一是英国是否应该卷入西班牙王位继承战争。托利党反对这场冲突，认为这是浪费资源，而辉格党支持这场冲突。马尔伯勒在国外领导军队时，自家政党的反对给他带来了主要的问题。

与戈多芬一起，两人开始越来越多地向辉格党寻求对战争的支持。这被证明是一个明智的决定——1704年，马尔伯勒在布伦海姆战役中战胜法国，可以说是安统治时期至高无上的荣耀，也引发了全国范围的庆祝活动。作为嘉奖，安委托建造布伦海姆宫来纪念这位将军。

然而，这场斗争也促成了权力从保守党移到辉格党的变化。女王沮丧地看到马尔伯勒和戈多芬越来越依赖议会中辉格党的支持，因为安对该党的不信任从未减弱。

安和莎拉这一狂热辉格党人的政治分歧开始达到白热化，两人的关系也很快开始恶化了。莎拉坚持不懈，她抓住一切可能的机会迫使女王对辉格党忠诚。安对莎拉的干扰很反感，但公爵夫人毫不在乎，她继续公然斥责女王对保守党的同

▲ 这幅版画描绘了安女王最后一次去议会的旅程

法案的争议

托利党是如何企图通过削弱辉格党来夺取议会权力的？

《偶尔遵奉国教法》是安统治时期最具争议的问题之一，它于1702年11月被引入。规定要获得公职资格，一个人必须"偶尔"参加英格兰国教会的圣餐。这是一个给非国教者钻的漏洞，所以保守党高层提出取消这一议案，如此就会阻止许多辉格党竞选公职。当然，废除《偶尔遵奉国教法》的议案要想获得通过，就必须获得充斥着辉格党人的上议院的通过。不出所料，他们强烈反对这一议案，并且憎恨保守党将他们推到幕后的企图。

安不喜欢极端主义，但也觉得废除《偶尔尊奉国教法》的议案支持了英国国教这一她最关心的事业。这是一种虚伪的立场，因为她深爱的丈夫，丹麦的乔治王子，凭"偶尔"参加圣餐获得上议院议员的资格，尽管他仍然是一个虔诚的路德教徒。然而，乔治还是听从了妻子的意愿，投了赞成票，但这一切都是徒劳的——它失败了。

第二年，该议案再次被提出，而现在女王对是否支持它表示犹豫，因为她知道这将进一步加剧辉格党和托利党之间的紧张关系。她选择不偏不倚，并要求乔治不要投赞成票，这种态度导致该议案再次失败。

托利党进行了第三次尝试，决定将该议案与土地税捆绑在一起，因为他们知道，如果辉格党想要继续为战争供给，他们将被迫同意通过该议案。这一举动引起了争议，女王感到不安，她认为这是她希望避免的政治极端主义的一个例子。

情。对她来说，托利党不过是詹姆斯党人，他们准备好并等待着天主教王位的恢复。然而，莎拉不但没有达到目的，反而扩大了她和女王之间的距离，破坏了她丈夫与安的关系。

随着对战争的支持增加，安承受着来自马尔伯勒和戈多芬越来越大的压力，他们要求她任命辉格党人担任内阁在内的关键职位。不幸的是，在英格兰和苏格兰联合议会的斗争中，安还需要辉格党的支持，这是保守党所反对的。她也一开始就拒绝了任命辉格党成员、公爵夫人的女婿桑德兰伯爵（earl of Sunderland）担任南方事务部大臣的提名，这一职务原由托利党把持。

然而，到1706年年底，她的态度有所缓和，辉格党派得到了安抚，有五人在接下来的四年中统治政府，桑德兰就是其中之一。他为辉格党派的一系列任命打开了大门，而安发现，如果不失去马尔伯勒和戈多芬，自己就无法阻止这一进程。更让女王头疼的是，乔治王子于1708年去世，女王悲痛欲绝。

也难怪，这一切使安被认为是被大臣们控制的女王。然而，不能说她没有试图让她的政府服从。事实上，在她统治期间，她参加的内阁会议比任何其他英国或不列颠君主都多，她希望她的出席能控制大臣们。

1701年《王位继承法》规定，如果威廉和安都不能生育后代，王位将传给新教的汉诺威人。托利党人以同情詹姆斯二世党人而闻名，因此，有人怀疑安暗地里希望忽略法案，让她的同父异母的天主教徒弟弟詹姆斯继承王位。

安女王真的想恢复天主教王室血统吗？答案

是否定的。毕竟，让她同父异母的弟弟继承王位对安又有什么好处呢？如果詹姆斯被认为是合法的，这意味着安是通过议会而不是世袭获得了她的王位。詹姆斯损害了安的地位，因此宣布他为私生子并流放对她来说是合适的。

到1710年，政治局势再次出现转机。辉格党希望继续发动战争的意愿失去了支持，整个国家已疲惫不堪，辉格党弹劾了高级圣公会教徒亨利·萨谢弗雷尔（Henry Sacheverell）。萨谢弗雷尔布道反对辉格党，并质疑"光荣革命"的合法性，这使安感到不安。他在公众中是如此受欢迎，以至于女王都告诫对他的判决应该从轻——判决是如此的宽大，因此人们普遍认为这是保守党的胜利，他们的支持率再次上升。

了解到她的国民对辉格党的厌倦，安卸任了辉格党人和戈多芬，重新任命了哈利（Harley）和保守党人，后者在下一次选举中获得了压倒性的胜利。与此同时，安和莎拉的友谊达到了历史最低点——1710年以后，这两个女人再也没有见过面。1711年，安也解除了马尔伯勒的职务。

在经历了多年的政治斗争后，安的身体状况开始迅速恶化。1713年圣诞节，她经历了一次几乎致命的病变，但她还是设法活了过来。1714年，由于对哈利失去了信心，安解除了他财务主管的职务。

在枢密院的推荐下，安任命了一位新的财务主管，著名的辉格党人施鲁斯伯里公爵。在得知施鲁斯伯里将确保王位平稳地移交给她的继任者乔治一世后，安于两天后（1714年8月1日）病逝，她最终获得了安宁。

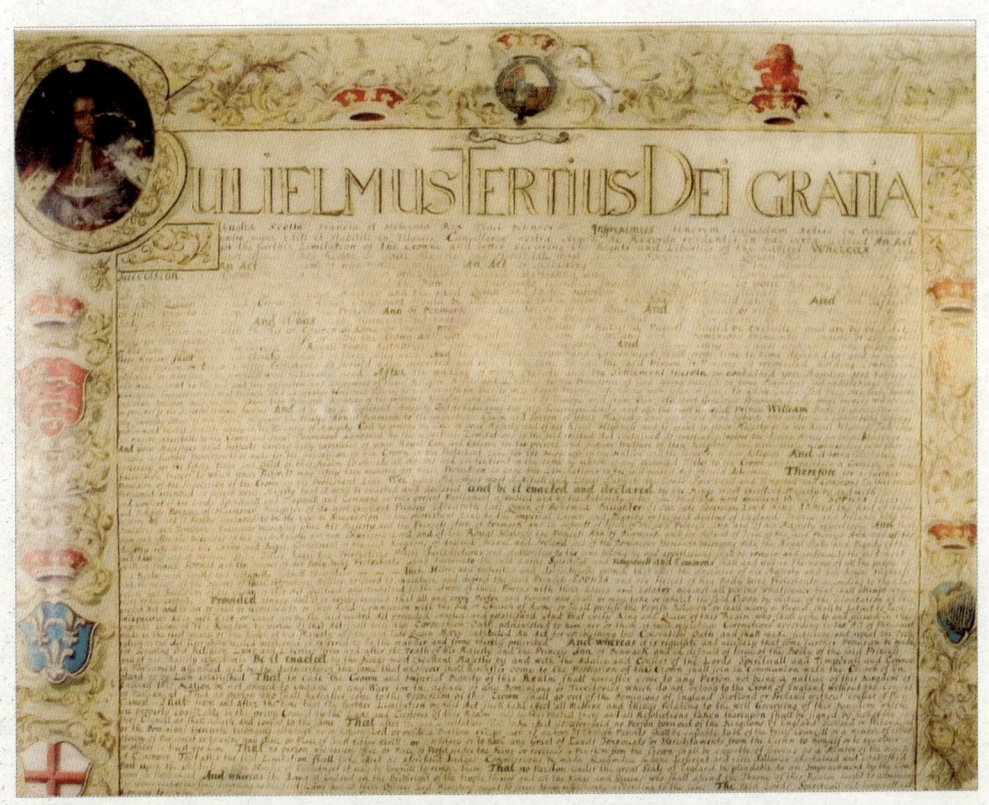

▲ 1701年《王位继承法》的副本，该法案将英格兰和苏格兰的王位传给了汉诺威的女选民菲娅和她的继承人

被放逐的斯图亚特家族

152 　被放逐的斯图亚特家族
158 　小王子查理的传说
170 　斯图亚特时期的英国生活
177 　斯图亚特时代给我们留下了什么？

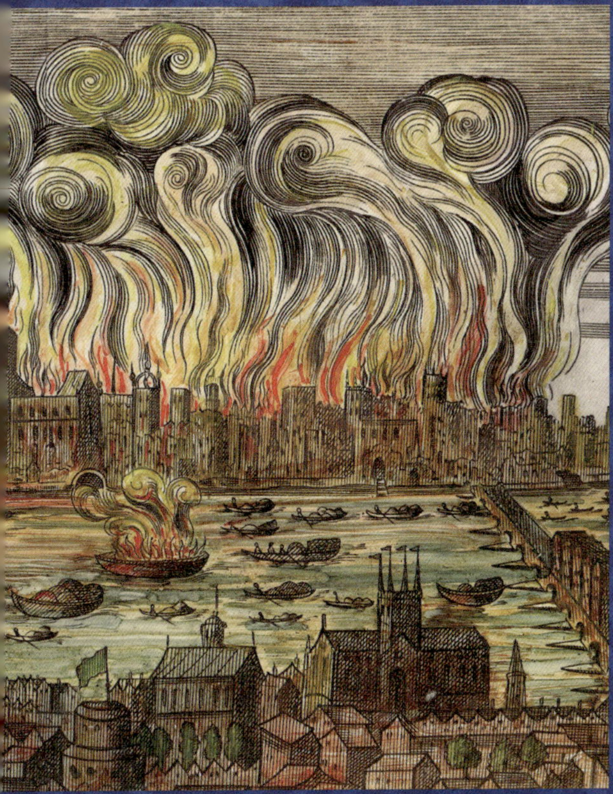
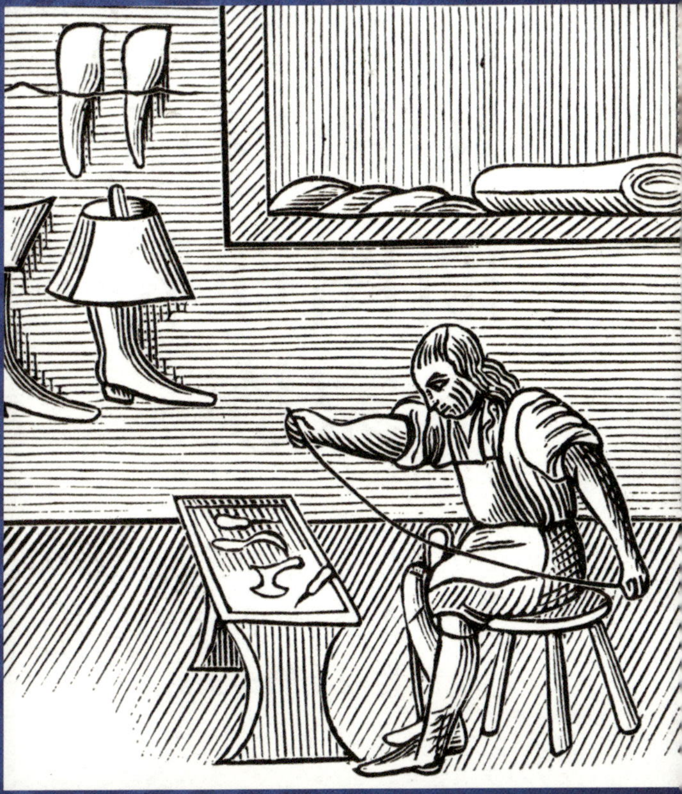
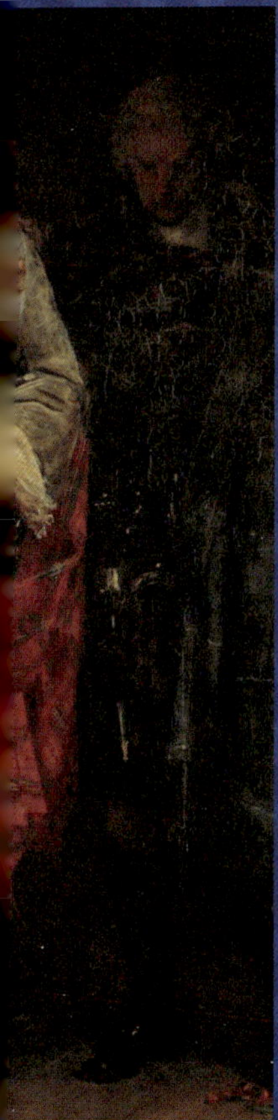
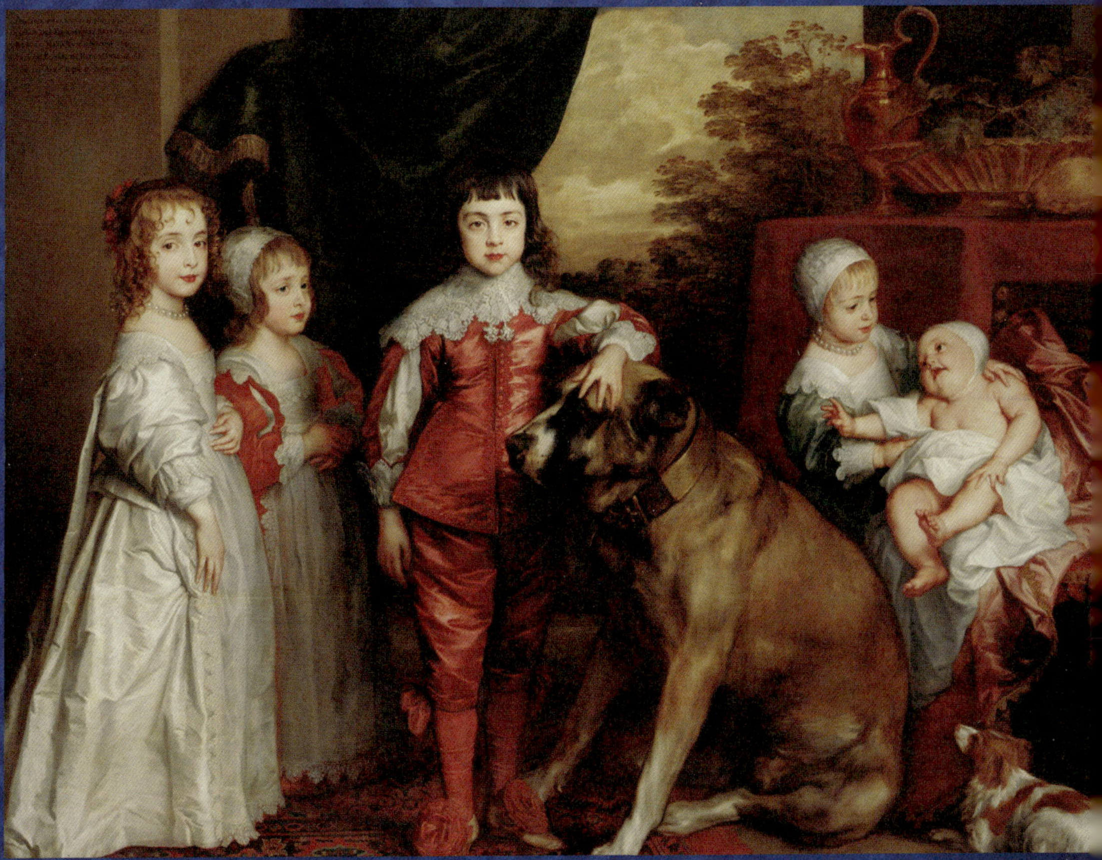

被放逐的斯图亚特家族

被迫逃离故土，斯图亚特家族开始建立一个全新的欧陆宫廷，并成为海上的国王。

詹姆斯党人的诞生不是在英国，而是在欧洲的英吉利海峡对岸。随着王位被奥兰治的拿骚家族篡夺，斯图亚特家族不得不重新开始在流亡中建立王室，他们依靠欧洲各大国的施舍和善意来实现他们的目标——夺回被他们视为与生俱来的王位。

有三个斯图亚特家族的人觊觎着不列颠和爱尔兰的王位，包括詹姆斯二世——既是国王又是第一个王位索求者。作为查理二世的兄弟，他在1685年登上王位，但并未持有他兄弟的务实态度和魅力。

在一个到处都是新教徒的国家里，一个顽固不化的天主教徒必须小心行事——这是詹姆斯不习惯做的事。与查理不同的是，他将高职位的新教徒从政治和军事职位上撤下，代之以信奉天主教的人。这引发了人们的担忧，认为他想让这个国家重新信奉天主教。虽然这并不属实，但国王并没有采取任何措施来消除人们的担忧。

1690年，詹姆斯二世在博茵河战役惨败后逃离爱尔兰

爱尔兰的詹姆斯党人

根据他们在欧洲的据点，詹姆斯党人考虑通过翡翠岛夺回王位

在新购置的圣日耳曼昂莱宫里，詹姆斯二世过得舒适且安全，他预计到夺回王位时一定有些心惊胆战。詹姆斯认为重新征服不列颠的最好机会是通过爱尔兰。1689年3月，在法国军队的支持下，国王登陆爱尔兰海岸，企图利用这个岛屿作为入侵不列颠大陆的跳板。

在爱尔兰，詹姆斯表现出了他对政治的天真理解，这种理解后来影响到了他的许多外交事务。他在都柏林召集爱尔兰议会，试图废除反天主教的法律，并赢得了当地地主的支持，但却疏远了爱尔兰、英格兰和苏格兰的新教徒（他们正与威廉结盟）。军事上的失败加剧了这一政治错误。

作为一个年轻人，詹姆斯以他的鲁莽和无畏的战斗方式而闻名，但年龄似乎已经削弱了他对战斗的欲望。他优柔寡断，缺乏良好的军事判断，他前往博茵河与初来乍到的威廉亲自指挥的军队战斗。詹姆斯党人的军队在人数和武器上都不及威廉的精兵而最终溃败，詹姆斯的王位梦想破灭。

面对训练和装备不足的爱尔兰军队，詹姆斯对一个爱尔兰贵族说："你的国人逃跑了。"他得到的回复是："不过看来这次赛跑是陛下您赢了！"詹姆斯发现在博茵河战役之后战争就跟他没什么关系了，他回到法国，丧失了夺回爱尔兰的任何机会。

▲ 在博茵河战役中，詹姆斯党人的步兵严重缺乏训练和装备

一个天主教继承人几乎决定了詹姆斯的命运，并将国家带回内战的边缘。詹姆斯信奉新教的女儿玛丽嫁给了荷兰王子奥兰治的威廉，现在议会希望通过他来拯救英国的宗教和国家。1688年11月，在忧心忡忡的英国议会领导人的邀请下，威廉被说服从岳父手中接过王位，率领15000人的军队穿过英吉利海峡，将詹姆斯赶下王位。这一大胆的举动现在被称为"光荣革命"，永载英国史册。

威廉并不想真的杀了他的家人们，他允许詹姆斯逃离这个国家，前往欧洲更安全的海岸。斯图亚特王朝的命运现在掌握在愿意为流亡中的他们提供庇护的外国势力手中。

幸运的是，詹姆斯和他的朝廷被法国国王路易十四张开双臂接受了，后者是个非常强大、富有的天主教国王，但这一行动并不是出于他的善心，而是源自路易的计划——"掌控整个欧洲"。

在法国国王看来，詹姆斯仍然是英格兰和苏格兰王位的合法拥有者，如果允许他重新掌权，法国将会受益。英格兰有了一个新教君主，路易十四眼见英国军队已可以加入欧洲战争，便希望尽快恢复詹姆斯的地位，以防止权力平衡在法国手中倾斜。所以路易发誓要帮助詹姆斯争取他合法的王位。

詹姆斯和他的朝廷被允许居住在圣日耳曼昂莱（Saint-Germain-en-Laye）大宫殿里，它建在巴黎城外塞纳河之上的一个俯瞰高地上。这个军事基地有一个宏伟的外观，但宫殿里面隐藏着一个更丑陋的事实。这座被遗弃、无人照管、装修简陋的建筑曾被称为"悲惨的迷宫"（labyrinth of misery），在詹姆斯一行到来之前，它被迅速检修过。

这座建筑缺乏给詹姆斯正式处理王室事务的隐私空间，这里后来成为了此后20年詹姆斯党人活动的中心。它反映了历代斯图亚特家族以及詹姆斯二世党人的事业——外表强大，看似正义，核心却腐朽。

詹姆斯在流亡期间养成了一系列日常生活习惯。他决定"在床上的时间永远不要超过8个小时"，他祈祷、锻炼、处理事务、招待客人，还沉迷于他最喜欢的消遣——打猎。他越来越多地向内看，试图找到失宠的原因，并将上帝对他的厌恶归罪于他与情妇的种种调情。

詹姆斯鱼龙混杂的追随者主要是英格兰和苏格兰的天主教徒，但也有一些新教徒。在他们的帮助下，詹姆斯开始了他的目标——赢得前臣民的心，并从篡位者威廉三世手中夺回王位。

詹姆斯党人有自己的宣传机关，这是建立詹姆斯党人形象的第一步，詹姆斯和他的后代将努力培养这一形象。詹姆斯的父亲，查理一世，在某种程度上成为了天主教和王室的殉道者，詹姆斯希望将父亲的形象和自己的形象联系起来，为被处死国王的统治萦绕上怀旧之光。詹姆斯党人通过将"光荣革命"描绘成非法篡权，希望唤起英国臣民的同情及对斯图亚特家族事业的支持。

他们制作了诗歌、曲调和小册子，以及一些肖像——以便在詹姆斯夺回王位时能被认出来。这项事业的经费来自法国王室每年六十万金法郎的津贴。这是一笔小小的财富，远不及詹姆斯在位时200万英镑的巨额年薪——这使他成为自亨利八世以来最富有的国王。

詹姆斯二世和他的后代通过其他欧洲势力提供的资金，得以保持自己的王室形象。这些资金使斯图亚特家族在从事重要事务时，如与欧洲君主国接触并试图赢得他们的支持时，可以维持他们的王室装束，使自己看起来像真正的国王。

神圣罗马帝国皇帝利奥波德一世统治着大片领土，詹姆斯在1689年派遣了一名使节前往，希望他成为一个强大的盟友。这位被流放不久的国王把自己描绘成了天主教事业的殉道者，希望这一情感诉求能促使罗马统治者帮助他实现计划中的夺权。

不幸的是，詹姆斯认为是宗教在外交中起着主导作用，而非利己主义。这一想法很幼稚，因为利奥波德立即否决了结盟的想法。他称詹姆斯为"尊贵的殿下"而不是"陛下"，这是一种有意的轻蔑，表明他不认同路易十四的信念（自己是英格兰和苏格兰的合法或最佳的统治者）。皇帝觉得詹姆斯是在自找麻烦，而且詹姆斯因为和法国结盟，所以想与哈布斯堡王朝建立友谊更是不可能了。

詹姆斯二世受到的另一个打击是，他没有得到教皇的支持。作为想要驱逐一个新教篡位者的天主教君主，他希望得到教皇的祝福。然而他过去与教皇英诺森十一世（Pope Innocent XI）发生的口角让梵蒂冈不愿提供任何援助。英诺森十一世认为，詹姆斯的政策实际上危及了生活在英伦诸岛的天主教徒的生命。斯图亚特王室与法国王室的紧密联盟同样也恶化了他们与教皇的关系，因为教皇对路易十四也有同样的憎恨和恐惧。

詹姆斯还必须与法国宫廷内部的反对者进行斗争，这些人一直坚持认为斯图亚特的国王在英格兰没有多少支持者。路易十四的弟弟兰斯（Reims）大主教公开嘲笑詹姆斯，法国政客们也试图尽可能地操纵詹姆斯党人的外交和密谋。

虽然他被允许自由行动，但法国人始终密切注视着往来于宫殿内的所有访客和邮件。

▲ 圣日耳曼昂莱，詹姆斯二世流亡期间居住的法国城堡

整个大陆都在招募双重间谍，比如詹姆斯党人派驻马德里的大使，这个法国人热衷于让斯图亚特王室的利益与法国王室的利益保持一致，但结果让斯图亚特王室疏远了其他王室。詹姆斯在家里像个囚犯，虽然他被允许自由行动，但法国人始终密切注视着往来于这座曾作为詹姆斯党人总部的宫殿内的所有访客和邮件。

詹姆斯在爱尔兰博茵河战役的失败，损害了詹姆斯党人作为三国王位有力竞争者的形象。1690年，詹姆斯党人回到法国后，法国人对他们漠不关心，夺回英格兰的传言也烟消云散。1691年，詹姆斯二世被禁止陪同路易十四参加蒙斯之战（Siege of Mons）——这是对詹姆斯虚弱的军事实力的又一次轻蔑。

詹姆斯二世的儿子和继承人詹姆斯·弗朗西斯·斯图亚特（James Frances Stuart）逐渐成长，见证了斯图亚特家族事业的新生。他的成长过程在他父亲的监视下格外小心谨慎，他不希望儿子重蹈他年轻时花天酒地的覆辙。

詹姆斯三世是在清规戒律下长大的。如果他的家族还住在英格兰，这可能就没必要了，但如果他想要夺回王位，他的思想就需要被引导到正确的轨道上来。因此，他作为一个完美的王子在圣日尔曼昂莱度过了令人沉闷的18年。他接受了战争和政治方面的教育，心中只有一个目标——赢回他父亲的王位。

1708年，以詹姆斯三世领导的法国舰队从不列颠海岸被赶出去。1713年签订的《乌得勒支条约》（Treaty of Utrecht）加剧了这一军事挫折，该条约在确保欧洲和平的同时，要求将詹姆斯及其追随者驱逐出法国和他们在圣日耳曼昂莱的领地。路易十四厌倦了战争，希望结束流血冲突，便同意了这一请求，于是詹姆斯不得不寻找新家。20多年来，圣日耳曼昂莱宫殿一直是斯图亚特家族的家园，失去它一定会让流亡在外的詹姆斯党人感到痛心。

一个独立的公爵领地洛林的巴曼德（Bar-le-Duc）镇被选为新的行动基地。那里不像巴黎，不是一个社交中心，詹姆斯三世不再生活在欧洲政治的中心，他感到与支持者的联系被切断了，就像他的手指被切断了脉搏。但他似乎没有被吓倒，他计划让另一支军队入侵，并于1715年出发，号召苏格兰人反抗不列颠汉诺威政府。他的努力没能让斯图亚特家族重新登上王位，回到法国时，他已遍体鳞伤。

与詹姆斯二世不同的是，詹姆斯三世获得了教皇的支持。教皇克莱门特十一世（Pope Clement XI）在罗马穆提宫（Palazzo Muti）为詹姆斯党人提供了一个更永久的行动基地。他们还获得了位于阿尔巴诺（Albano）的乡间别墅和1.2万罗马克朗的教皇津贴，这成为了詹姆斯三世余生的主要收入来源。两位教皇——克莱门特十二世（Clement XII）和本尼迪克特十四世（Benedict XIV）——都全力支持詹姆斯三世和他的事业，进一步提升了詹姆斯三世的王室形象。在1715年起义失败后，这位"老王位觊觎者"放弃了夺回英国和爱尔兰王位的企图，罗马甚至成为詹姆斯最后的居所和安息之地。

从其他渠道获得大量资金的尝试最终失败了，法国人仍然是詹姆斯党人的主要支持者。如今，詹姆斯不再致力于自己的帝王野心，而更多的是为他的孩子们获取争夺王位的资金。詹姆斯三世的两个儿子——查理和亨利都被任命为1745年起义前无人知晓的另一次入侵的领导者。詹姆斯三世在长子查理失败的尝试后疏远了他，作为对他的冷落，詹姆斯三世让小儿子亨利担任罗马的红衣主教。查理在最近一次夺回不列颠的努力中失败了，他一定认为这是被弟弟在背后捅了刀子。随着恢复家族正常地位的希望彻底破灭，再加上他儿子离开了罗马，詹姆斯三世的身体在病痛中每况愈下。尽管他富有且仍是贵族，但他对斯图亚特家族的失败感到沮丧和泄气。最终他于1766年6月11日去世。

詹姆斯党人在巴黎和罗马的宫廷，在斯图亚特王朝覆灭之后继续存在，是年轻贵族们进行"大旅行"的首选目的地。詹姆斯党人的咖啡馆构成了这些巴黎富豪旅行的核心，而罗马的飞地（Enclave）则特别受任何说英语的贵族的欢迎。

1688年王位被夺后，斯图亚特家族的命运持续走低。在法国的支持下，三代人持续争夺王位，这种联盟是福也是祸。在法国的援助下，詹姆斯党人发动了多次入侵，但是，尤其是在早期，与法国联盟也损害了外交关系。

▲ 詹姆斯三世的小儿子亨利成为了红衣主教，但在其兄死后，他并没有被认作不列颠的合法统治者

小王子查理的传说

小王子背后的真身是否名不虚传?

作者: 杰奎琳·莱登

在漫长的八个月后,始于1745年的詹姆斯党人叛乱在1746年4月16日的卡洛登战役(the Battle of Culloden)中迎来了血腥的终结。军队疲敝却死战不退,没有等待整个军队集结就在空旷的沼泽荒原上与精力充沛、装备精良的反对派作战等,这些都是导致詹姆斯党人军队失败的因素。但问题是,一场被同时代人形容为不计后果甚至是鲁莽的战役,最初是如何开始的呢?

对斯图亚特家族的支持虽然在减少,但它却经久不衰,尤其是在苏格兰。一些英格兰和爱尔兰天主教徒坚信,他们在天主教君主的统治下会过得更好。除此之外,一些人还强烈希望打破致力于在苏格兰和英格兰的旧有王国中建立起一个新国家的《联合法案》(the Acts of Union)。

大部分英国军队被新近部署在佛兰德斯与宿敌法国作战,这使得大不列颠多少有些不设防。法王路易十五利用武力威胁的方式支持他那被废黜的可怜的斯图亚特家族表亲,这种功利的甚至

▲ 佩蒂为小王子查理所画的经典肖像

是过于算计的手段，一直令法国的欧洲霸权及殖民事务对手——英格兰政府和新的汉诺威王朝不得不保持警惕。

总地说来，这些情况很好地解释了詹姆斯党人为何在1745年仍然活跃。但这并没有解释，这艘孤船——而不是人们期望的法国舰队——为何且又是如何到来的。它驶离西部高地的海岸，带着几个人和几支枪，以及一笔为数不多的战争资金和微不足道的财物。然而，势态迅速发展成了汤姆·霍兰德（Tom Holland）所描述的"18世纪威胁大不列颠联合王国的最大危机"。

至少在最初，詹姆斯党人最后一次叛乱的成功只能用一个因素来解释：其领袖查理·爱德华·斯图亚特（Charles Edward Stuart）。这位低调的英国人甚至也在对他的父亲完全保密的情况下组织了整个事件。

在抵达苏格兰后，为了说服忠诚但无动于衷的部落首领，詹姆斯党人再次冒着一切风险，穿越苏格兰，在途中集结一支庞大的军队，一枪不发就占领了爱丁堡，在战斗中击败一支英国分遣队，然后进入英格兰，而这一切除了运气，一个鼓舞人心的领导者也是必不可少的。那么小王子查理究竟是个什么样的人呢？

在戏剧性地出现在欧洲政治舞台上之前，查理一直处于被动地位，他希望有机会决定自己的命运。他在1720年的诞生给予了詹姆斯党人巨大的推动力——他是自他父亲詹姆斯·弗朗西斯·爱德华在1688年出生以来第一个合法的斯图亚特家族的长男，但这导致了宪法危机及家族最终被流放到法国、罗马。

甚至查理的出生日期——12月20日（英国老式日历）或12月31日（欧洲新式日历），都被牢牢地安排在圣诞节和新年的节日期间，这给他注入了救世主般的魅力。据说，斯图亚特家族忠实的支持者约翰·弗朗西斯·韦德（John

▲ 约翰·弗朗西斯·韦德作于18世纪40年代的圣诞颂歌《齐来崇拜》最早的一份手稿

Francis Wade）创作了一首流行的圣诞颂歌《齐来崇拜》（O Come All Ye Faithful）。它是詹姆斯党人的召唤暗号，引导信徒们去看一看并崇拜这个出生的孩子——"天使之王"（the King of Angels）。

有关查理作为神选领袖来复辟斯图亚特王朝的预兆，一直延续至他的童年。一个同时代的人回忆起发生在阿尔巴诺（Albano）夏宫教堂里的一件事，他陈述道：查理和他的弟弟亨利"正在进行祈祷时，一朵蓟花从一块奇特的装饰着各种各样的鲜花浮雕天花板上脱落下来，落到了哥

詹姆斯党人带来的恐慌

一张可以包含上千字信息的图画

与1745年入侵事件有关的最著名画作之一就是贺加斯的这幅《芬奇利士兵的行进》。它被作为证据,展现了詹姆斯党人抵达德比的消息传到伦敦之后人们的惊恐,以及动员抵抗部队时的混乱。虽然这幅画创作于这次叛乱多年之后,但画家还是希望告诫他的不列颠同胞小心未来可能出现的阴谋活动。为此,他在画的中心偏左的位置上设置了一个华而不实的法国人形象,这家伙正在对另一个可能转变成詹姆斯党同情者的蠢蛋窃窃私语。

贺加斯的这幅画算不上写实,因为他想表达的思想其实是被他的朋友让-安德烈·鲁凯灌输的,鲁凯曾经写道:"我们在大构架上看不到多少纪律性,但是如果你对此不满,我就要直言不讳地告诉你,秩序和层级只适用于斯拉夫人,而在其他地方这被称为放荡不羁,而且被冠以高贵的自由名号。"可以看到画中这些乱作一团的人及其粗鄙的人性,但其实这只是英国人自由和特权的简单反映,当需要时这些可以即刻转变为富有纪律性的战斗力(正如画面中间偏远处向北方进军的队伍)。

那位被眼泪汪汪的亲汉诺威政权版画商和慷慨陈词的天主教詹姆斯党人围攻的青年近卫军士兵(图中部),实际上就是对大不列颠在面临这一重大抉择时刻的拟人化写照。

▲ 威廉·贺加斯作于1750年的《芬奇利士兵的行进》

▲ 戴维·莫里尔1746年画的《卡洛登之战》

哥的膝上。他抬起头一看，一朵玫瑰立即浮现在眼前"。

作者继续说道："以及有一颗巨大的星星，天文学家们认为这颗星星曾在查理出生时出现过，但后来再也没有被发现。此外还有许多其他的预兆和古老的预言。"这些都被认为是查理好运气的象征，而更重要的是，上帝是站在他这边的。

这些想法产生于斯图亚特王朝的君权神授思想，而这对查理的祖先查理一世、詹姆斯七世（英国国王詹姆斯二世）来说代价高昂。1688年"光荣革命"期间，皈依天主教的詹姆斯二世带着年幼的儿子（查理的父亲）逃往法国。尽管查理对罗马天主教的信仰含糊不清，但他坚信自己的神权。

诚然，在卡洛登战役惨败后，查理的苏格兰指挥官们指责他以专横、轻蔑的方式对待他们，他仅是出于他的王室地位而期待绝对的服从，而不是通过他的决定和行动来赢得尊重和忠诚。

沃尔特·司各特爵士（Sir Walter Scott）在他1828年出版的著作《祖父的故事》（Tales Of A Grandfather）中，有一段严厉的措辞，声称查理在罗马接受了不明智的教导，"那些荒谬的、反常的、夸张的、过时的和出于神圣世袭权利的教条，以及被动的服从导致了他的祖先、英格兰詹姆斯二世的错误和不幸"。

在司各特看来，这种对帝王特权的信仰，加上"天生的高傲和冷漠"，导致了查理对其追随者的苦难根本不感兴趣，"轻率和过度乐观会给相关各方带来极大的风险。难道每个臣民都有义务为他的国王牺牲一切吗？如果这项义务得以履行，他们的努力会有什么难以想象的结果呢"？在约翰·佩蒂（John Pettie）的名画《1892年，查理王子走进荷里鲁德宫的舞厅》（Bonnie Prince Charlie Entering The Ballroom At Holyroodhouse of 1892）中，这位傲慢的王子就隐藏着这样的性格特征。

但在1745年之前，王子的支持者们并没有

对于斯图亚特家族继承人的美貌、优雅、礼貌和威严的报道是其公关活动的关键内容。

明显或至少没有提及这些负面特征。查理在1745年的首席秘书，来自布劳顿（Broughton）的约翰·默里（John Murray），在1744年这样描述王子："高大，高于普遍的身材；他的肢体出自精确的模型，对他的塑造有一种不寻常的精致；他的五官端正、匀称，他的眼睛是我见过的最漂亮的；但是在他身上最闪耀的，使他毫无例外地在这个年龄里出类拔萃的原因，是伴随他的每一个动作流露出的高贵；他的神情和风采中确实弥漫着一种难以形容的威严。这使得那些对他怀有敬畏之心的人不愿在任何时候再见到他，除非他以过分的亲昵来鼓励他们。"

此外，查理是斯图亚特家族那"善良的天性"与他的波兰索别斯卡（Polish Sobieski）祖先的"精神"——他的母亲玛丽亚·克莱门蒂娜·索别斯卡（Maria Clementina Sobieska）公主于1735年去世——的完美结合，因此"同样有资格主持和平与战争"。

默里写这篇文章时，显然是被明星光环吸引，但他的反应绝不是独一无二的。1739年，塞缪尔·克里斯普（Samuel Crisp）回忆起在罗马的一次舞会上见到查理时的情景，他说："我从未见过比他更文雅的人……他的容貌、姿态，都是我所能想象到的最优美、最有表现力的。"

查理无疑是詹姆斯党人在流亡期间的关键武器，这些关于斯图亚特继承人美貌、优雅、谦恭以及最重要的威严品质的报告是他们公关活动的重要内容，这不仅让王朝在遥远的"臣民"心中重生，还为他们的回归做好了准备。法国作家查尔斯·德·布罗斯（Charles de Brosses）是斯图亚特总部德尔雷宫（Palazzo del Re）的常客，他曾回忆道："两位王子都酷爱音乐，都是出色的音乐家。年长的拉大提琴。他们每星期举办一次音乐会，那是罗马最好的音乐会，我每次都出席。昨天，当他们正在演奏科雷利著

▲ 这幅画展现了约翰·科普将军和另外两名英军军官骑马赶到贝里克城门口宣布英军被詹姆斯党人击败的消息

▼ 亚森特·里戈在1730年为法王路易十五作的画像,路易十五为詹姆斯党人提供了帮助

他全身心地帮助其父登上王位，在实现这一目标之前他没有其他想法。

名的《圣诞节协奏曲》（the Christmas Concerto）时，我走进大厅，对没有听到开场表示遗憾。演出结束后，他们正准备开始一首新曲子，这时查理王子打断了他们，说：'等等，我刚刚听说德·布罗斯希望听到完整的作品。'我很乐意讲这个小故事，因为它体现出了一种真正的礼貌和善良。"

年轻的查理不仅外表迷人，而且能得到追随者的钦佩甚至崇拜——这对于一个大胆的复辟尝试者来说是极大的优势。

斯图亚特王子在1745年到达苏格兰时也没有令人失望。在爱丁堡的时候，克里斯蒂安·特里普兰（Christian Thriepland）在一封写给朋友的信中把查理描述为"受到上帝祝福的人"。"啊！"她继续补充，"如果你看见了我心爱的英雄，你就必须承认他是上天的礼物……他是完美的，是上天的宠儿。"她总结道："他无论到哪里都能交到朋友，他战胜了那些恶人，他的朋友比他能充分利用的更多……上帝啊，如果我是一个男人，但愿我也能和他同甘共苦，永不分离！"

克里斯蒂安来自一个坚定的詹姆斯党人家庭，所以她对查理的热情是可想而知的。然而，即使是那些被认为是斯图亚特家族敌人的人也发现自己被查理吸引了。来自爱丁堡辉格党家庭的莫德林·普林格尔（Magdalen Pringle）承认："我一生中从未见过像殿下这般拥有高贵优雅仪容的人。"

即使是乔治国王的忠实支持者，在叛乱期间成为英国志愿兵的约翰·霍姆（John Home），也承认"查理·斯图亚特的身材和仪表与他的高傲并非格格不入"，霍姆继续说道："他年轻时高大英俊"，"善于骑射，骑在马上看起来格外优雅"。

在罗马，查理被描述为一个健康而活跃的人，他终日骑马狩猎和射击。这是至关重要的训练，不仅是为了应对严酷的军事行动，也是为了让他在英国公众面前展现出王室领袖和指挥官的风采。

他的公众形象及其起到的作用也延续到了他的穿衣风格。在整个1745年，查理的衣着风格就在时尚奢华的欧洲王子和身穿苏格兰格子图案的高地酋长之间变换。前一种应用于他主持宫廷娱乐和事务，而后者则会出现在他与士兵行进及战争过程中。这种外表的转换与尽可能地吸引更多的英国人这一目的直接相关，同时还直观地代表了完美王室领袖的关键元素：无论是在战争中还是和平时，都胜似闲庭信步。

尽管这些很重要，但是也只能帮王子这么多了。尽管他魅力十足，仪表惊人，但他在性格和经历上的缺点也十分明显。直到1738年，邓巴勋爵一直在查理王子的政府中担任总督的要职，他的副手则是爱尔兰人托马斯·谢里登（Thomas Sheridan）。这些人对查理王子性格的形成起到了关键作用。

许多人认为，查理王子受到的教育与他应该受的教育并不相符。查理·德布劳斯（Charles de Brosses）在承认王子有很多优点的同时，也指出查理和他的哥哥亨利都"只有中人之智，作为这样年龄的王子还不够优雅"。

年轻的詹姆斯党人埃尔克勋爵戴维·威姆斯（David Wemyss）回忆起查理时指出："邓巴

勋爵是一个有世界眼光的人，本应该给王子更好的教育，人们认为他没做到这一点。托马斯·谢里登爵士则是一个狂热的天主教徒，他认为国王拥有神圣权力和绝对权威，思想太过迂腐，完全不懂应该如何统治英格兰。"

一个身在罗马的斯图亚特朝臣对这种批评的回应是，"王子的教育确实并没有在每一个方面都达到他这种身份的人应该达到的程度"，但是"心地纯良之人会看到上天已经在细心和勤勉方面弥补了任何不足"。

为了准备查理微服访问苏格兰，由他的主要助手约翰·威廉·奥沙利文（John William O'Sullivan）整理的阅读材料于1745年5月随查理的行李一起运抵南特，这里面充满有趣之处。行李中有伏尔泰（Voltaire）的《哲学通信》（Letters Concerning The English Nation）、马基雅维利的著作，以及吉斯侯爵的《战争的艺术》（L'Art De La Guerre Par Le Marquis De Guise）。

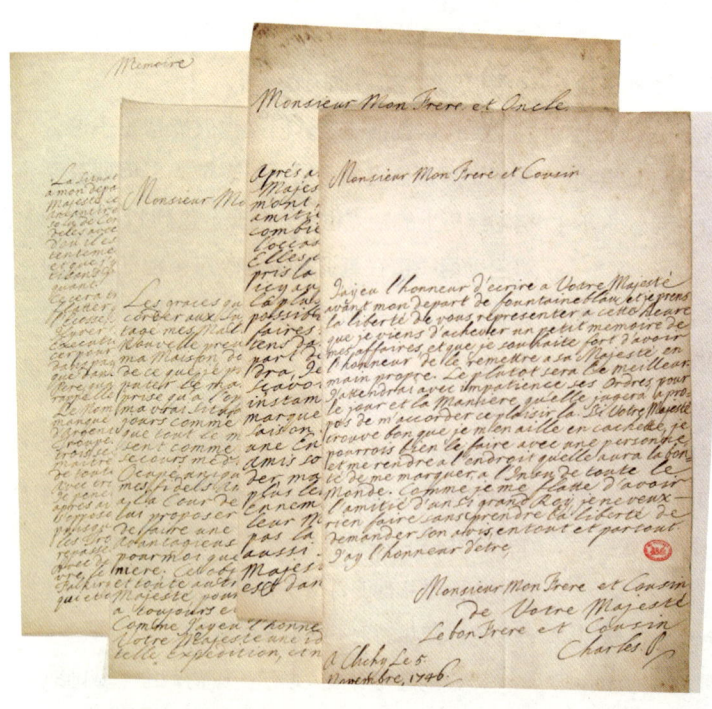

▲ 查理给法王路易十五的一封信

这样的书单也许说明时年24岁的王子已经意识到（也许已经太迟了），他的军事战术和治国理政的知识都太欠缺了。或者这些书至少是被别人有意筛选过的：尽管他具有英国人的身份，但本质上是一个法国人。

在前往苏格兰之前隐姓埋名在巴黎生活的几个月里，查理给他的父亲写信表示，他在这短短的一段时间里读的书比他之前人生中读的都多，因为之前他的全部注意力都集中在帮父亲重登王位上，没有考虑其他任何事。然而这也暗示他在青年时期对学习军事理论、战术甚至治国本领的热情，远没有他对乡间运动的热情高。

对于查理复辟来说，更大的麻烦在于，他似乎被排除在詹姆斯党人在罗马的活动圈子之外。这可能对他在苏格兰的言行举止产生了巨大影响。

查理具有多疑的性格，这与其在罗马成长时所处的环境相关——与信徒的秘密聚会，不断被英国政府的间谍和密探所监视，而这些人几乎肯定有一部分就在他居住的宫殿里当差。

当受到别人挑战或者只是被要求听取其他意见时，查理总是会感到被冒犯，因此他只听信一小群人的意见，其中包括谢里登，这个人其实无法给出公正和明智的建议。毫无疑问，由于早年被排除在情报和决策体系之外很久，他根本没有学会心平气和地接受建议，或者获得足够的经验来区分好的建议和坏的建议。

德布劳斯也对查理在罗马的生活给出了重要看法，早在1745年詹姆斯党人叛乱之前的很多年，他指出查理"因为勇敢、善良的性格受到全家人喜爱"，但他也认为查理"内心深处对自己当前的处境颇感压抑，但如果有朝一日他从这种压抑中解脱出来，也不会是由于他自己的努力"。

通过观察和交谈，德布劳斯清楚地认识到这位流亡王子内心深处的挫败感，甚至是绝望。依这位法国"先知"所见，查理一直在准备复辟，而且确有足够的办法推动这一莽撞的行为。

德布劳斯进一步暗示，流亡王室的生活很可能每天都是煎熬。一个没有国家的国王到底有什么用呢？换句话说，如果没有复辟甚至连起事的可能性都没有，查理·爱德华·斯图亚特存在的意义又在哪里？在德布劳斯看来，就连查理也会这样回答：根本没有任何意义。他在1745年夏勇敢的或者说鲁莽的行动，在某种程度上就能证明这一点。

回顾查理行动过程中的一些关键节点，到底他本人需要为失败负多大责任呢？查理确实不顾大多数苏格兰指挥官的意见而执意离开爱丁堡前往英格兰，这些人希望加强其在苏格兰的据点。但查理明确地把伦敦与其他从前属于斯图亚特王朝的土地一道视为其最重要的战利品，而非仅仅重视苏格兰。他确信只要他踏入英格兰土地，英格兰和爱尔兰就会发生起义。这样的决定，尽管算不上无法挽回，但也暴露了查理和他的主要谋臣之间的巨大分歧——在起事早期就已出现，这实属噩兆。

查理主张继续行动，利用速度出人意料地到达伦敦，同时期待英格兰的詹姆斯党人在他们抵近时能够大规模起事。英格兰派出士兵在芬奇利草地（Finchley Common）防卫伦敦，但法国对英格兰东南部发动了入侵。尽管规模不大，但詹姆斯党人的军队取得了胜利，为自己赢得了名声。

卡洛登战役的相关数字

战役之后发生了什么？

3472名
詹姆斯党人被俘

1300人
未经审判就释放

900人
流放美洲

240人
被控叛国罪

120人
被判处死刑

但是在军事上，这样一次进军并没有那么引人注目。没人能保证英格兰会发生起义，因为英格兰有两支部队已经在从西和北两个方向向伦敦合围。如果撤退稍晚，詹姆斯党人回到苏格兰的道路就会被截断。现在还有六千人左右的詹姆斯党军队需要依次打败每一支英格兰军队。

即使他们顺利抵达伦敦，鉴于目前看不到任何支持斯图亚特家族的迹象，他们能守住伦敦吗？而且苏格兰指挥官们已经非常想赶回苏格兰挽回和巩固他们在当地的利益。英格兰看起来无意支持他们，那他们为什么还要为此冒生命的危险？

从德比的撤退给了詹姆斯党人卷土重来的机会，而且在苏格兰北部成功征兵之后，他们的力量倍增。但这却打碎了王子与苏格兰将领们之间仅剩的一点信任，而更关键的是詹姆斯一伙的军队不可战胜的神话也彻底破灭了。更加重要的是，这次撤退也提醒英国政府，查理近期已经不再和法国宫廷保持联系了。

查理把这次撤退当成了对他个人权威和斯图亚特家族的一次沉重打击。从这以后，他的行为发生了改变。他不再是一个早起安排一天计划的优秀领导，不再每天操练部下，像与他们在挥师南下的过程中那样一起行进。现在他拒绝召开会议，甚至主动耽搁部队开拔，只在部队出发前才匆匆越上马背。

最后一个关键的决定是4月16日与坎伯兰公爵作战。据查明，这是查理的决定。在此之前是一次被放弃的攻击那琳（Nairn）附近的英军营的夜袭。但是詹姆斯党军从卡洛登出发太晚了，这导致天色已经不足以掩护他们的行动。

于是军队又返回卡洛登附近，然后听说英格兰军队已经在向他们进军。詹姆斯党军现在的状态并不适合作战。随着补给和军费难以为继，查理决定在此孤注一掷。如果运气好，此举就将被视为英勇，他也将因此而扬名。如果运气不好，至少他们目前毫无希望的境地就会到头，可以开始另一次新的尝试。

詹姆斯党军没有时间选择阵地列开队伍，只好聚集在西边的不利地势上。在第一声宣告战斗开始的炮击声发出时，战斗就已经呈一边倒态势了。

当卡洛登沼泽战役明显必输无疑时，查理逃离了战场。吃败仗很可怕，但是被俘更不可想象。逃跑途中，对手下将士在哪里毫无头绪的查理宣布，他打算立即乘船前往法国，这并不是因

▲ 与查理同时代的画家安东尼奥·戴维所画的青年查理

▲ 卡洛登战役后对参与叛乱的詹姆斯党贵族的处决

他相信一旦他进入英格兰，英格兰人和威尔士人就会群起响应。

为胆怯，而是为了获取法国路易国王曾经许诺给他的士兵、金钱和武器。

然而，命运让他的旅程耽搁五个月之久，其间他成了被人追捕的逃犯。与此同时，平定苏格兰高地地区的行动也在展开，这里被视为詹姆斯党人未来举事的沃土。当查理到达法国的时候，已经有两个造反的领主在伦敦的陶尔希尔（Tower Hill）被砍头，臭名昭著的洛维特勋爵西蒙·弗雷泽（Simon Fraser）则在1747年和许多人一起被绞死。还有几百人等待接受审判，面临作为奴仆被运往西印度群岛的悲惨前景。

1745年的詹姆斯党人叛乱是英国历史上最大的变数之一，但是，无论人们将何种战略、计划和领导方面的错误加之于查理，起码在一年多的时间里，查理获得的关注并不只限于欧洲。尽管时间短暂，但这次叛乱对欧洲甚至全世界都产生了影响。

斯图亚特时期的英国生活

当贵族在他们豪华的城堡里享受时，穷人却没有这样的好日子。

如果你生活在斯图亚特时代的英国，你很有可能是穷人，过着勉强糊口的日子，祈祷获得好的收成让你度过寒冬。这个国家的大多数人并不富裕，尤其是当人口从1600年的400万猛增到1700年的大约550万以后，人们的生活水平下降，贫困与饥饿显著增长。

五分之二的劳动人口相对比较幸运，他们通常为手工师傅，因此很可能有片瓦挡雨，有箪食果腹甚至还略有余钱。这一时期的大问题是流民。穷人中最穷的那些人通常依靠别人的慈善而活，要么是领救济，要么依赖比他们稍微富裕一点的邻居家。有些甚至为了获得更好的生活而向新大陆移民。事实上，离开英国的人比移居英国的人更多。

斯图亚特时代的前半段，穷人的生活没有多大改变，人均预期寿命远远谈不上理想。女性的出生死亡率高达每千人10到25人。卫生条件根本不受重视，每个人身上都有跳蚤和虱子，包

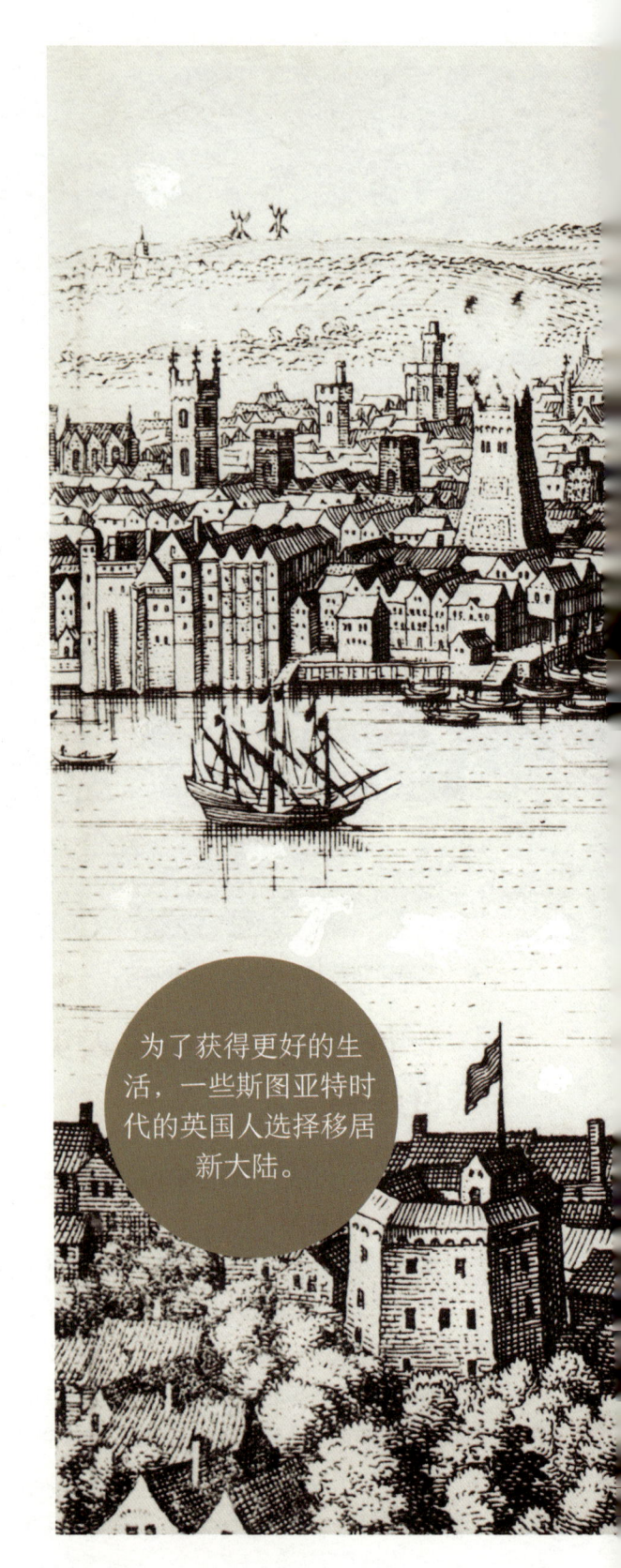

> 为了获得更好的生活，一些斯图亚特时代的英国人选择移居新大陆。

▼ 一幅17世纪的版画展示了1650年的伦敦

▲ 1689年一位卖荷兰饼干的妇女

括上流社会人士,因寄生虫病、瘟疫和痢疾而去世非常普遍。与贵族家庭的豪华住宅形成鲜明对比,17世纪的英国城市肮脏不堪。就像都铎王朝时期一样,脏水和垃圾被随意扔在狭窄的街道上,到处都臭烘烘的。有人试图改变现状。伦敦建造了一支自来水管道,但是需要付钱才能接通,这对社会下层人士来说并没有什么用。

不过还是有工作可做的。居住在城镇和拥挤城市里的人,做鞋匠、铁匠、扫烟囱的、街头小贩,不一而足。在农村生活的人也许更加悲惨,他们要在耕地或牧场上做所有事:犁地,收割作物,在雨中或烈日下打扫马圈。通行的工资大约是每天一个先令,专业技术工作稍高一点。在收割季节和夏季晒干草时工作量通常会更大,但这对那些挣扎在温饱线上的家庭来说很可能是好事。工作机会并不那么多,生计通常要靠那些忙碌的月份支撑。

17世纪末,据估计,英国一半的人每天都吃得起肉,他们已经很有钱了。30%的人一周能吃三四次肉。还有最穷的那20%的人一周能吃一次肉就不错了。或许以当代的标准来看,那些穷人的饮食比富人更加健康——他们主要吃蔬菜和浓汤,而富人则把大量金钱花在日常肉食、高级食品和高糖点心上。

对乡下人来说,他们的财富通常跟农场的规模有关,而国王是谁无关紧要。

17世纪,伦敦得到了很大的发展。富裕的西区和贫穷的东区从都铎晚期就已经分开,两者在外表和社会上的区别也逐渐明显起来。称呼、服饰、出行秩序甚至在教堂里的座位排序都表明了一个人在社会层级中的地位。随着伦敦变得异常拥挤,公共卫生非常糟糕,许多儿童没能活过3岁。

但并非一切都这么悲惨阴郁,还是有些快乐的事情。普通人可以享受跳舞、音乐和斗鸡带

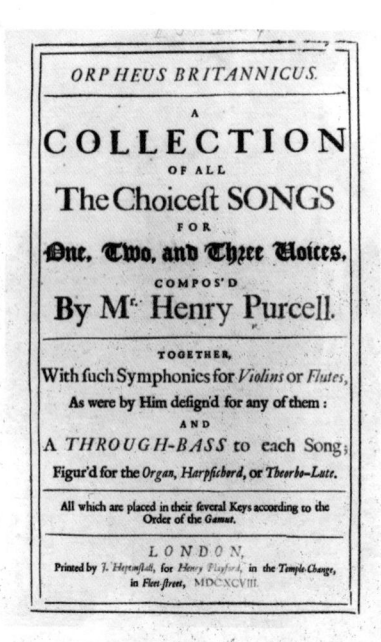

▲ 亨利·普赛尔是斯图亚特时代的英国音乐之光

▲ 可以从房子的外观看出一家的阶级地位

来的愉悦。对那些有闲钱的人来说，他们可以品尝从北美洲运来的咖啡，还可以去看戏剧，就像都铎时期一样。17世纪早期，威廉·莎士比亚（William Shakespeare）正在与托马斯·米德尔顿（Thomas Middleton）和约翰·韦伯斯特（John Webster）等同侪一道大量创作戏剧。当然富人可以更进一步，承办布景更加精美的假面剧，例如本·琼森（Ben Jonson）1634年的《爱的欢迎》。

财富在17世纪是非常重要的，那些在斯图亚特时代赚的越来越多的人预示着一个中间阶层——乡绅的出现。这些绅士并不一定具有法律意义上的确定身份，但是他们的崛起却显示了这一时期社会的流动性，而且他们确实也具有一定的权力和影响力。

也许乡绅与普通人的最大区别在于前者可以让其子女接受教育，这导致律师几乎都出自这个阶层，除此之外还有军官和文官。他们的藏书室日渐丰盈，衣着打扮日渐优雅，他们的娱乐方式也开始和社会下层愈发不同起来。他们可以去咖啡馆，玩棋类游戏和参加赛马比赛。

乡绅也是一个有知识的阶层。1660年查理二世治下创建的皇家学会对乡绅来说好像家一样。这是一个在科学和学术领域开拓的组织，今天依然存在。当时学会中有影响的人包括约翰·洛克、艾萨克·牛顿和罗伯特·胡克。正是在斯图亚特王朝的统治下，威廉·哈维发现了血液循环与心脏的关系，牛顿考察了光的折射以及更著名的重力。不可否认，也有极少数贵族忝列其中，不过总体上看还是乡绅阶层占主导。

想成为这个阶层的一员是需要条件的，你必须证明自己有钱。有些家庭为了维持表面上的体

·173·

▲ 在城里，一些人靠制鞋为生

> **穷人主要吃蔬菜、喝稀粥，而富人总是吃肉食和甜点。**

面而破产，有些最终绝嗣。从数据来看，1588年至1642年，约克郡有963个知名乡绅家庭。结果其中9个被提升为贵族，64个离开了本郡，181个男性继承人绝嗣，另有30个干脆从记录上消失了。然而，总是有别的家庭愿意代替他们：幼子分支、外郡搬来的新家庭、成功的律师和商人，以及出身自耕农家庭的年轻人，不断地积累土地，直到他们被认为是中间阶层的一分子。

尽管阶级上有这么多不同，但妇女的角色却通常一样。性别不平等在中世纪被认为是天经地义的，妇女有自己的角色和工作。她们生来就必须服从父亲和兄弟，婚后则必须服从丈夫和儿子。她们维持生计，准备食物（如果家里足够有钱的话则会命令仆人做这些），抚养子女。她们主要依附于自己的丈夫，但是也能选择离开丈夫，如果她们很有钱或者愿意给别人当仆役的话。

然而也有些女性就是不愿意顺从。伊丽莎白·奈普（Elizabeth Knepp）在1681年去世之前身兼演员、歌手和舞者多职。1664年，她在本·琼森的《埃皮科涅》（Epicoene）中成为了第一个出演戏剧同名人物的女演员。萨缪尔·佩皮斯在他的日记中提到过她，说他非常欣赏她的风情万种和美妙歌喉。

婚姻是一个重要的社会风俗。在查理二世时期，托马斯·米德尔顿必须提供合法文件，证明他不是重婚者，只娶了一个太太。

尽管有人会说，普通人的生活从都铎时期到斯图亚特时期都没有太大变化，但我们还是能看到一些不同。皇家学会对之后的时代起到了引领作用，它开始革新科学与医学，第一份报纸《日报》也于1702年3月11日在刚刚即位的安女王治下开始发行。也许穷人生活并没有太大改变，但是随着中间阶层的出现和科学的发展，未来的基石已经铺好了。

▲ 艾萨克·牛顿是英国皇家学会中著作颇丰的一位会员

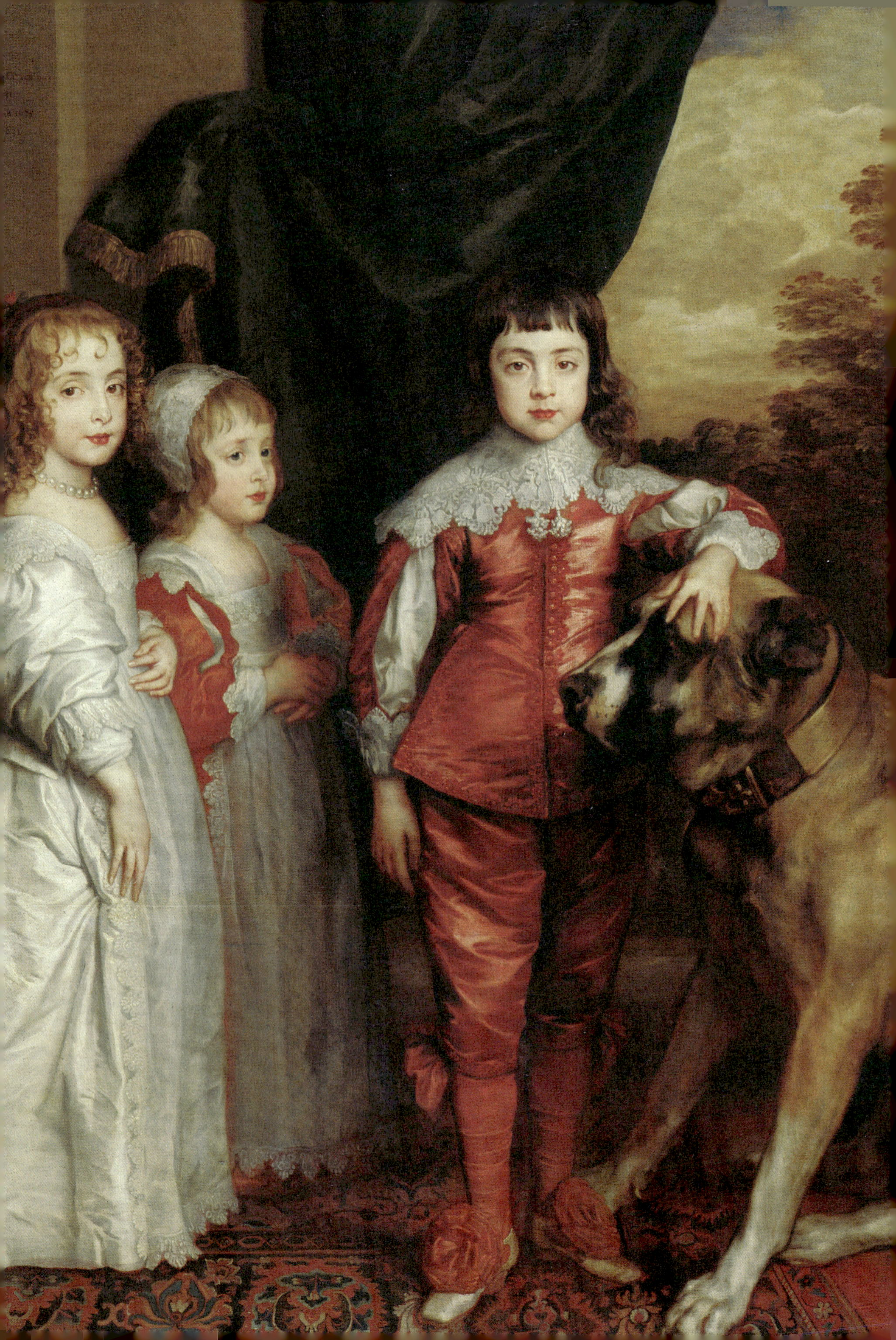

斯图亚特时代给我们留下了什么？

从处死国王开始，到以一场革命结束，斯图亚特时代永久地改变了英国的面貌。

　　斯图亚特时代是英国历史上最容易被人们忽视的一个时代，这也许是因为之前出现的亨利八世和安·博林这样臭名昭著的人物吸引了人们太多的注意力。然而由于发生了内战、处死国王、瘟疫和烧掉首都的大火等事件，这一时期也是英国历史上最纷乱的时期之一。同时，这一时期也见证了许多对当今英国最重要和最具纪念意义的机制、机构的诞生。

　　斯图亚特时代是科学真正发挥作用的第一个时代——盲信被逻辑和理性取代。它也是观念碰撞的时代，当一些人在国家的一隅进行猎巫审判时，另一群人却发现了血液循环的基本规律。这也是一个蔑视规则的时代——内容大胆的戏剧打破陈规，女性也在英国历史上首次登上戏剧舞台。野心勃勃的国王们建立了第一批海外殖民地，并且建立起一支皇家海军，确保未来几百年内英格兰对海洋的绝对控制。

　　斯图亚特时代并不仅仅是充满战争和革命的时代，它也是一个令人意想不到的创新时代，在思想领域的巨大变化最终为英国的发展打下了基础。

科学革命

斯图亚特时代是人类历史上最激动人心和最充满活力的时代之一——科学革命见证了现代科学的诞生和在欧洲的扩展，带来了在数学、生物学、物理学、化学和天文学等方面的一系列进步。这场革命不仅改变了人们对科学的看法，而且改变了他们对世界、信仰和生活本身的认知。从此，旧科学走到了尽头，学者们开始寻找新的科学取而代之。

斯图亚特时代的英国对这一思想上的飞跃贡献巨大，其中最突出的表现之一就是皇家学会的建立。它曾经是，也依然是推进科学信仰和发现天才最重要的推动力之一。

皇家学会在刚开始时，只是一群受到这种"新科学"启发的知识分子的定期聚会，而后发展为一个在一起进行试验的委员会。当查理二世国王发现这个令人兴奋的组织后，便开始热烈地支持他们并颁发给学会皇家特许状。此举开创了王室赞助的先例，并延续至今。

在王室支持下，学会进行试验、出版论文并且广泛地鼓励进步的科学思想。威廉·哈维（William Harvey）发现心脏推动血液在全身循环，以及由艾德蒙·哈雷（William Harvey）发现哈雷彗星的运行轨道。这样的自由思想氛围也

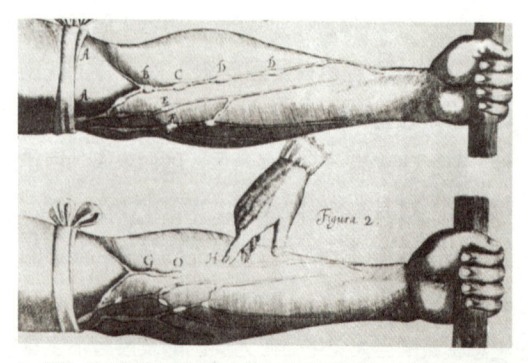

▲ 威廉·哈维利用绑带进行了实验，以证明他关于血液循环的理论

▲ 牛顿曾在1703年至1727年担任皇家学会主席

催生了其他重要发明，例如早期蒸汽机和摆锤式钟表。

尽管在医药方面英国还有许多路要走，但人们对人体运作的认识有了显著的进步，对医学研究的兴趣，也随着之后在欧洲声名远播的爱丁堡皇家外科学院的建立而显著提高。

也正是因为这一开明的时代，最著名的斯图亚特时期科学家艾萨克·牛顿才能发挥他的天才。首版于1687年的《自然哲学的数学原理》一书确立了三条简单的物体运动原则，彻底改变了人类对宇宙的看法。

牛顿还因为在有关重力和微积分方面的工作而出名，后者为更有效、更准确地计算数学等式提供了有力工具。但他并没有止步于此，他还进行了光学研究，发现了光谱。尽管并非所有成果都被当时的人接受，但牛顿依然是科学界的超重量级人物，他也是第一个被封爵的科学家。

▲ "花花公子"是风俗喜剧中常见的俗套角色之一

▲ 内尔·格温是第一位女性演员，同时也是查理二世国王的情人

戏剧

在奥利弗·克伦威尔的任期内，对公共演出有严格的清教禁令——实际上，它们被禁演了18年。然而1660年，剧院终于再次开放，英格兰也出现了创造性艺术的迅猛发展。这绝对要感谢查理二世，他个人非常喜欢淫词浪语和下流作品。

剧作家抓住这次复兴之机，创作了各种各样"腐朽"行为的戏剧，从赌博到色情，不一而足。触及各种时下话题的喜剧不仅吸引了贵族，还把仆役和中间阶层也拉进了剧场。

无视社会规范的要求，舞台成了人们以艺术的名义嘲弄社会精英阶层的场所。风俗喜剧也会通过故意拙劣模仿老套的角色来嘲弄一些人——通常是某一阶层——并嘲弄那个时代常见的愚蠢行为。

这场戏剧革命见证了第一位职业女演员登台出演，而此前由男孩出演女性角色。在有伤风化的场景中，女性演员给那些好奇心旺盛而且充满恶趣味的戏剧赞助人带来了巨大震撼。

剧场的成功也导致了第一批演艺明星的出现，仅凭他们的名字就能把观众吸引过来。这些"戏霸"演员可以要求更高的片酬和要求更好的条件。

英格兰银行

17世纪90年代,英格兰在接近一个世纪的动荡不安后终于迎来了政治稳定。光荣革命后威廉和玛丽刚刚登上王位,商业开始繁荣。然而公共金融业发展落后,国王也需要经济支持。

从镇压詹姆斯党人叛乱到惨败于法国人之手,威廉三世代价高昂的军事行动彻底吸干了英格兰的财政。威廉希望英格兰成为世界强国,为了防止它被更强的对手占领,威廉需要一支强大的海军。只靠税收无法解决这笔开支,他需要一个新计划。

苏格兰企业家威廉·帕特森(William Paterson)有一个主意。他先请私人股东为一个帮助政府管理债务的银行注资。这意味着,这些股东的公司会成为王室特许公司的一部分,只有它们可以发行钞票,并且以政府债务为抵押再次放贷。这一提议极具诱惑,12天内就吸收了所需的120万英镑,其中一半直接用于重建海军,进而用它来建立了一个帝国。

实体银行吸收存款然后发行钞票,这些钞票很快会成为被广泛接受的流通货币。"保证有效"的字样依旧被印在今天的英镑上,人们很少怀疑这一承诺会不会被遵守。很快这些钞票开始以一种"虚拟货币"的形式运行,银行对它们的完全控制权是其成功背后的秘诀。

▲ 1694年,国王颁发了英格兰银行的特许状

这些公司将成为王室特许公司的一部分,而且只有它们可以发行钞票。

出色的艺术旅行

每个人的旅行路线都不一样，但以下这些是最受欢迎的地点

威尼斯
威尼斯被英国上流社会认为是意大利风情的中心而大受追捧。由于其显赫的名声和神话般的魅力，威尼斯被视同终点——罗马一样重要的景点。

伦敦
作为英国的首都，伦敦经常被视为开始旅途的最佳地点。由于旅行者通常不会携带大量现金，所以他们会先去伦敦的银行获取信用证书。

巴黎
因为离伦敦较近，巴黎是最受欢迎的目的地。在这里旅行者可以观赏卢浮宫的建筑，也可以学习法国舞蹈、击剑和马术。

日内瓦
在经历了巴黎的熙熙攘攘之后，瑞士的都市也是一个受欢迎的景点。日内瓦作为新教宗教改革的诞生地，在"大旅行"中经常被访问。从这里开始，旅行者要开始艰难地翻越阿尔卑斯山脉。

佛罗伦萨
意大利是"大旅行"的热点地区，由于有热闹非凡的英-意协会，佛罗伦萨就成了入门意大利艺术的好地方。乌菲齐美术馆是尽情欣赏文艺复兴时期古董和罗马雕塑的绝佳地点。

罗马
罗马是"大旅行"最关键的目的地。在这里，旅行者可以观赏古代遗迹、喷泉和教堂。这里还有为准备扩展自己私人收藏的英国游客准备的画作和雕塑卖场。

艺术与"大旅行"

尽管有血腥的内战，但艺术和文学还是在斯图亚特时代繁荣发展了起来。这一时期的艺术高开高走，莎士比亚和他的戏剧受到了热烈追捧；同时，专为上层社会准备的假面剧以精美的布景和奢华的服装在各个宫殿中大放异彩。

查理一世对艺术的支持是巨大的，他收藏画作、雕塑和挂毯。他对肖像画的特别偏爱使得许多画作流传了下来，为我们描绘了内战爆发前英格兰宫廷的奢华时尚。安东尼·凡·戴克的国王肖像画过于出色，以至于大大影响了其后150年的肖像画。许多贵族也学国王的样子，收集了大量欧洲艺术品。然而查理被处决后，他的海量艺术品收藏被拍卖一空，而宗教艺术也被视为亵渎上帝。

但是这并没有熄灭上流社会对艺术的喜爱。到17世纪末，这种对欧洲各国不同艺术风格的向往导致了"大旅行"的出现。这种旅行传统上是许多上层社会的青年在21岁左右参加的。它通常被视为男性（偶尔也会有女性）文化上的成人礼，其中对艺术的强调也是推崇备至。

这场纵贯欧洲的旅行可以使年轻人有机会亲炙不同城市的文化遗产——尤其是古典时期和文艺复兴时期的。它可以使有志于艺术的人通过第一手资料学习绘画和雕塑技术，而对其他人来说，这已经成为了一种身份地位的象征。当地艺术家给这些年轻人画画像时，通常让他们在罗马古董中间搔首弄姿，这成为了一时风尚。

每个希望融入英格兰上流社会的年轻绅士都必须完成一次"大旅行"，这一风潮一直延续到1840年前后铁路交通的兴起。

画家非常受人尊敬，以至于琼·卡莱里（Joan Carlile）和玛丽·比尔（Mary Beale）也从事了这项职业。其他在斯图亚特时代留下印记的画家，还有英格兰艺术家威廉·道布森（William Dobson），以及被视为不列颠运动题材画之父和第一位野生动物画家的弗朗西斯·巴劳（Francis Barlow）。斯图亚特时代是一个令人兴奋的艺术大繁荣时代，这一趋势在之后的几百年中还在继续。

印刷、小册子和宣传

1640年前后的英国内战撕裂了英国社会，也改变了人们报道战争的方式。这场冲突是当时英格兰历史上被报道最多的事件，但并不是所有报社都给出了值得相信的报道。

每周的报纸和一次性小册子不是为了报道事实而出版，而是为了说服读者站到出版方的一边来。议会派因为占据伦敦这个印刷中心而获得了巨大优势，他们利用这一优势，出版讽刺漫画抨击保皇派的政治理念。

报纸也被用来进行人身攻击，例如贬损保皇派统帅鲁伯特亲王，他被指控为嗜杀成性的外国佬。与现在的媒体很像，内战时期的宣传利用人们的固有偏见，并以此吸引人。人们普遍担心，外国人在为了自己的利益参与战争，议会派强调并利用这一点来使公众反对国王。

保皇党一开始对利用公众支持心存疑虑，但很快他们就意识到自由媒体的重要性。一份保皇党报纸《宫庭信使报》（*MercuriusAulicus*）每周刊印一次，经常利用读者的宗教情结，宣称议会派试图破坏教会的权威。

通过利用刻板印象进行宣传，议会派在人们眼中变成了出身卑微的现状破坏者，与之相对的保皇派则成了狂暴的劫掠者，一心想夺取老百姓手中的全部。这些刻板印象几乎都是不对的，然而却流传至今，这恰恰证明了这种早期宣传模式和自由媒体的力量巨大。

▲ 英国内战时期许多报纸和小册子都在鼓励参军。这幅局部图显示一个妻子在怂恿自己的丈夫上前线打仗

▲ 这幅议会军宣传画描绘了在伯明翰劫掠的鲁伯特亲王

▼ 圣保罗大教堂并不是从一开始就被所有人喜爱,一些人认为它"不英式"

建筑

伊丽莎白时代以高大、精巧的乡间庄园而著称，但是到了斯图亚特时代，建筑的巨大和繁复程度，超过了以往任何一个时期。詹姆斯一世时代更是以一声惊雷开启了17世纪。

在建成之时，奥德利恩德别墅（Audley End）是英格兰最大的私人别墅，甚至比国王的住所都大，詹姆斯一世解嘲地称之为"国王配不上的房子"。就连普通住宅也受到这种风格的影响，商人的大宅都装饰着复杂的石膏屋顶。这种奢华建筑之风创造了许多英格兰最复杂、最绝妙的建筑，但也耗费了大量金钱，许多项目因资金链突然断裂而沦为烂尾楼。

然而到了内战时期，许多住宅要么被破坏，要么被拆解当作建筑材料。不过，对建筑最大规模的破坏还是伦敦的那场大火，它烧掉了伦敦的大半部分，整座城市几乎需要重建。受到查理二世情有独钟的法国建筑的影响，新建的伦敦市融合了许多欧洲风格。这种引人入胜的结合催生了一些英国历史上最著名和最具辨识度的建筑，比如圣保罗大教堂。

17世纪晚期见证了英国巴洛克建筑风格的出现。其典型特征是复杂的装饰、弯曲的形状、有力的线条和大量鲜艳的色彩。英国巴洛克风格建筑有一些范例留存至今，例如峰区的查特沃斯大宅（Chatsworth House）和牛津郡的布伦海姆宫。

▲ 克里斯托弗·雷恩爵士为圣保罗大教堂设计的新穹顶

17世纪的著名建筑师

克里斯托弗·雷恩爵士 
伦敦大火之后，克里斯托弗·雷恩爵士设计了52座新教堂，其中包括著名的圣保罗大教堂。他也负责设计了位于格林尼治的皇家海军学院及汉普顿宫的南侧。他是历史上最著名和最受敬仰的建筑师之一，他设计的教堂建筑甚至影响了法国建筑，这是非常罕见的成就。

伊尼戈·琼斯 
作为制衣匠之子，伊尼戈·琼斯最终成长为英国首位著名建筑师。他设计了位于格林尼治的女王宫和白厅宴会厅，被视为英国第一位同时也是最伟大的文艺复兴风格建筑大师。他还参与了对圣保罗大教堂的修缮，建立了伦敦第一个广场科文特花园。今天，他因为将古典罗马风格建筑和意大利文艺复兴带到英格兰而为人们所铭记。

约翰·范布勒 
尽管在晚年才进入建筑领域，但约翰·范布伦几乎立即就对英国景观产生了明显影响。他真正接手的第一项工作是在约克郡霍华德城堡设计一幢大型巴洛克别墅。建成的华丽建筑令他在英国建筑界一夜成名，接着他设计了位于牛津郡的布伦海姆宫。这座复杂的巨型建筑在设计时就想要惊叹世人，如今仍被许多人视为不列颠最伟大的建筑杰作之一。

罗杰·普拉特
尽管完成的作品数量有限，但罗杰·普拉特还是被授予了骑士头衔。他因为设计了非常"英国范"的乡村建筑而出名，其中最著名的就是下图的克拉伦敦别墅。这座建筑没有存在很久，却被视为伦敦第一个伟大的古典式建筑。这种设计成为一种符号，被广泛采用。

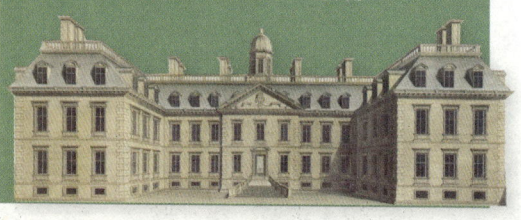

英国海军

从中世纪早期开始，英格兰统治者就用战船打败敌人，然而皇家海军却直到斯图亚特时代才建立起来。16世纪海战频繁，西班牙无敌舰队的入侵也证明了强大海权对任何想成功的国家的重要性。

查理一世当然认识到了军舰的极端重要性，开始大规模建造军舰。事实上，他的胃口太大，靠征收不得人心的"船税"筹集资金，最终也导致了英国内战的爆发。而对查理一世来说更悲剧的是，这支拥有35艘船的海军站到了议会一边。

议会尽管对查理持批评态度，但也认同海军对于向外扩张来说是重要的——也许对议会来说更加重要，因为议会支持处死查理而得罪了许多人。因此，海军在共和国时期发展迅速，而《航海法》又要求所有在英国殖民地以及本土之间进行贸易的商船都必须是英国船，这最终导致了英国与荷兰的战争。尽管英国海军更加强大，但是其战术却不够出色，早期战果并不明显。然而英国海军成长迅速，很快就取得了一系列辉煌的胜利。

▲ "海权号"战舰由喜爱巨舰的查理一世委托建造。作为他典型风格的体现，这艘军舰的装饰极尽奢华

查理二世在1660年复辟君主制，他迅速重建了海军，却没有将之据为己有，而是把它交给了一个国家机构，并给予它"皇家海军"这一正式名称。

皇家海军在查理二世的领导下继续发展壮大，尽管在第二次英荷战争期间遭受了许多损失，包括大量主力军舰，但这支部队依然不断地学习、成长，并变得越来越强大。

海军当然不是在一夜之间建成的，这些失败使英国海军学习经验、磨练技术。到17世纪末时，英国就已经可以吹嘘自己拥有世界上最强大的海军，可以确保未来数年内的海洋霸权。

成就英国皇家海军的几次战役
那些造就一支不可忽视力量的胜利与失败

波特兰战役
1653年2月28日至3月2日
共和国舰队遭到进入英吉利海峡的荷兰舰队的袭击。这是一场艰难的胜利，英格兰人最终成功地将对手击退并取得了主动。尽管第一次英荷战争并没有因此结束，但这次胜利让荷兰人清醒地意识到英格兰是一个不能轻视的对手。

梅德韦港突袭
1667年6月19日至6月24日
荷兰舰队攻击了还在查塔姆码头上的英格兰战舰，这些战舰一无人员二无装备。英格兰的要塞遭到炮火轰击，13艘军舰被焚毁，两艘战列舰被俘获。在今天，这次战役被视为皇家海军历史上在本土水域遭受的最惨痛失败，也被认为是英格兰代价高昂的一课。

巴夫勒尔战役和拉霍格战役
1692年5月29日至6月4日
在"九年战争"期间的这两次战役中，44艘法国军舰试图入侵英国并将詹姆斯二世重新送上英格兰王位。英法发生激烈战斗，双方都有损失，但最终英国取得胜利。这一胜利不仅解除了入侵危机，还结束了法国对海洋的短暂统治，给了英国控制海洋的机会。

▼ 斯海弗宁恩之战是第一次英荷战争的最后一场海战，结果荷兰舰队被英国海军消灭

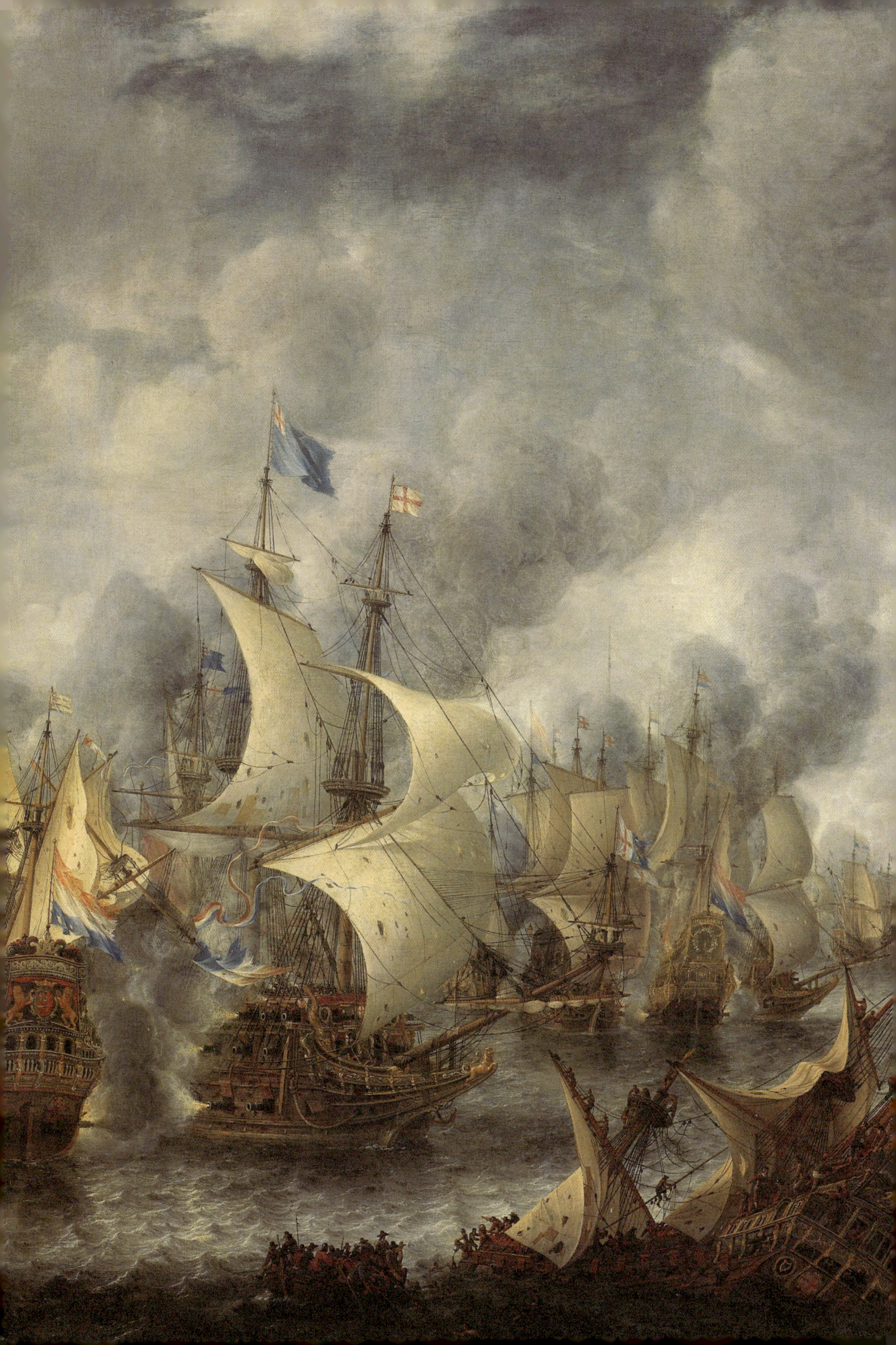

▲ 这幅1606年的弗吉尼亚古地图由现已成名的约翰·史密斯所画

英帝国

英国从伊丽莎白时代就一直期望在北美大陆建立海外殖民地，但是它与西班牙的战争使其有心无力。到了1604年，詹姆斯一世签署了《伦敦条约》（Treaty of London），结束了与西班牙的对立，英国终于能够在弗吉尼亚的詹姆斯敦（Jamestown）建立第一个永久定居点。这次殖民活动的殖民者都死于疾病和饥饿。然而有更多的殖民者接连来到这一区域。

在詹姆斯敦建立殖民地之后，威廉姆斯堡（Williamsburg）等13个殖民地也相继建立，此外还有商业上获利颇丰的牙买加（Jamaica）和巴巴多斯（Barbados）。在之后的几年里，英国继续在海外扩张。

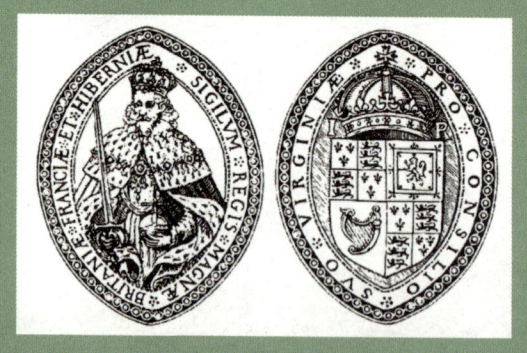

▲ 伦敦公司（后来改名为弗吉尼亚公司）是为了在北美洲建立殖民地而成立的

> 这次殖民活动中，几乎所有第一批殖民者都死于疾病和饥饿。

咖啡与茶

17世纪，饮品市场的竞争出人意料地激烈。约翰·伊芙林（John Evelyn）曾发起运动推广和改进他口中的"英国本土酒"——苹果酒。但是他的对手非常多。

英国海边最出名的新饮品就是咖啡。这种特殊的新饮料首先被去土耳其旅行的人发现并喜爱，随后很快就在17世纪50年代进入英格兰。尽管它一开始是因为药用功效而被人使用的，但很快就变成了日常的首选饮品。在这一过程中，咖啡馆的出现和风靡居功至伟。

就像今天的咖啡厅，专业人士和商人可以在相对私密的环境中见面，谈政治，读报纸，聊八卦。它与啤酒馆最大的区别在于没有酒精的干扰，人们可以进行更加严肃的对话。咖啡馆太受欢迎了，以至于到1675年英格兰就有超过三千家咖啡馆。

这也许会令嗜茶者吃惊，因为咖啡其实比茶晚到英格兰。尽管在1610年已经开始从亚洲大量贩运茶到欧洲，但直到17世纪中叶，茶叶才在英格兰开卖。事实上，茶的流行跟咖啡馆有很明确的联系。最早提供茶的咖啡馆之一为托马斯·嘉维（Thomas Garway）所有，他既卖茶叶也卖茶水。其宣传语是"保持完美的健康到老年"。茶开始迅速蹿红，到1700年已经有超过五百家咖啡馆在出售茶。

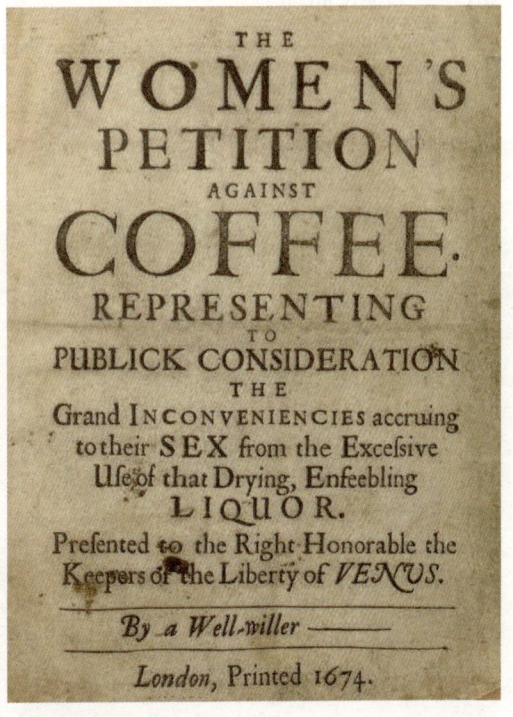

▲ 咖啡馆是男性主导的空间，女性经常公开反对咖啡馆，声称咖啡会令男人不育

图片来源

5	© The Art Agency, Alamy
15	©Getty Images
16	©Getty Images, Shutterstock, Thinkstock
29	©Alamy, Getty Images, FreePik, Shutterstock, TopFoto
30	©Alamy, Getty Images, The Art Agency, Thinkstock
39	©Alamy
50	© Alamy, Look & Learn, The Art Agency
51	©Alamy, Getty Images, Look and Learn, The Art Agency
54	©Getty Images, Thinkstock
65	©Getty Images
71	©Alamy, Getty Images
81	©Alamy, Getty Images
86	©Alamy, Thinkstock
102	©Alamy, Getty Images
103	©Getty Images
116	©Alamy, Getty Images, TopFoto, Rocío Espín
118	©Alamy, Thinkstock
126	©Alamy, Getty Images
133	©Getty Images
134	©Alamy, Thinkstock, TopFoto
141	©Alamy, Getty Images, Topfoto
142	©Thinkstock
149	©Getty Images, Topfoto
163	© Getty Images, Thinkstock
151	©Alamy, Getty Images, Thinkstock
169	©Alamy, Getty, TopFoto
189	©Getty Images